ELISA MADDONNI

BIOECONOMY ED I PARCHI SCIENTIFICI E TECNOLOGICI.

ANALISI DELLO SCENARIO

NAZIONALE ITALIANO

A Beatrice e Francesco,
nei loro occhi vedo il mio amore,
il nostro futuro.

First Printing: 2018

ISBN: 978-0-244-07375-6

Indice dei contenuti pag. 5

Introduzione pag. 7

Introduzione

L'innovazione è alla base della competitività delle aziende italiane e dei paesi industrializzati e rappresenta l'unica arma per difendere l'erosione del valore aggiunto dei propri prodotti.

In particolare quella biotecnologica riveste un ruolo centrale nel panorama scientifico mondiale rappresentando un fondamentale elemento strategico per la competitività dei sistemi economici sia a livello nazionale che internazionale.

Per un efficace processo di innovazione, è necessario che l'impresa possa fruire dell'informazione più recente sulle ultime frontiere della ricerca e dell'innovazione tecnologica, che sia profondamente consapevole dell'esigenza del mercato, che abbia flessibilità e propensione a reagire rapidamente a stimoli ed opportunità esterni e dimestichezza con strumenti come i brevetti, gli accordi di licensing, le joint venture, che consentono di trarre vantaggio dall'innovazione altrui e di valorizzare più rapidamente la propria.

• Quindi il presupposto principale al processo di innovazione è che i vari attori possano interagire in un ambiente in cui sia massimizzato il flusso di informazione fruibile, di contatti interdisciplinari e informali tra ricercatori e manager, di disponibilità logistiche, organizzative e di servizi specializzati per rendere disponibili al management tutte le armi moderne per difendere la competitività delle loro imprese ed arricchire, proteggere e valorizzare il know how tecnologico; un ambiente che, allo stesso tempo, permetta ai ricercatori universitari di avere maggiori occasioni di contatto con il mondo imprenditoriale ed il mercato, di calarsi e radicarsi nel territorio, fornendo all'Università tutte le occasioni per un forte impatto sul tessuto socioeconomico.

•   Contribuire alla realizzazione di un tale ambiente per tutti gli attori del territorio, è il punto principale intorno al quale è imperniata l'attività di un Parco scientifico e Tecnologico, che si propone di far nascere e/o crescere imprese operanti in settori ad alta tecnologia o di rafforzare il ciclo di settori maturi attraverso la creazione e l'intensificazione di una rete di rapporti per far convergere l'interesse di molteplici operatori (Università, Politecnico, imprese, Pubblica Amministrazione) verso comuni obiettivi di sviluppo. Tutto questo attraverso un gruppo manageriale attivamente impegnato nel promuovere il trasferimento tecnologico e la capacità imprenditoriale delle aziende.

Ho quindi cercato di fornire un quadro della realtà dei Parchi Scientifici e Tecnologici strutturando il libro in cinque parti ed effettuando nella parte conclusiva un'indagine empirica su sessanta aziende biotecnologiche al fine di verificare l'effettivo impatto dei PST sulla realtà aziendale.

Il primo capitolo offre un quadro generale dello scenario storico ed economico del settore biotecnologico, distinguendo tra quello mondiale, europeo, nazionale e siciliano.

Nel secondo capitolo partendo dalla definizione data dallo IASP (International Association of Science Parks) ho esaminato l'evoluzione che i Parchi scientifici e Tecnologici hanno avuto nel corso di quasi mezzo secolo dalla loro prima realizzazione. Ho, quindi, individuato il peculiare compito istituzionale che contraddistingue questo tipo di iniziative, definendone gli scopi, la missione e gli obiettivi cui deve puntare la loro attività, che si caratterizza per la particolare organizzazione a rete, concentrandomi in particolar modo sul Parco Scientifico e Tecnologico della Sicilia.

Nel terzo capitolo ho evidenziato le caratteristiche funzionali e strutturali delle altre forme di aggregazione che, insieme ai PST, giocano un ruolo importante per lo sviluppo delle biotecnologie in Italia: i distretti industriali, i centri di competenza, i laboratori pubblici e privati, le piattaforme tecnologiche ed altre associazioni.

Nel quarto capitolo, all'interno della prospettiva finanziaria del mercato biotech italiano, ho analizzato le diverse forme di finanziamento e di investimento e l'importanza dei brevetti nel favorire quest'ultimo e nel tutelare i diritti di proprietà sui ritrovati biotecnologici.

Infine, nell'ultimo capitolo, ho esaminato il ruolo dei PST nel favorire la nascita (attraverso gli incubatori ivi presenti) e la crescita dell'imprese, offrendo loro una serie di servizi di supporto di varia natura che permettono di correggere in parte le imperfezioni di mercato.

Capitolo 1

Le Biotecnologie: storia e scenari

1.1 Cenni storici

Alle soglie del terzo millennio la rivoluzione biotecnologica continua ad avere un ruolo centrale nel panorama scientifico mondiale rappresentando un fondamentale elemento strategico per la competitività dei sistemi economici sia a livello nazionale che internazionale.

L'OCSE nel 2006 ha definito la biotecnologia come *"the application of science and technology to living organism, as well as parts, products and models there of, to alter living or non living materials for the production of knowledge, good and services[1]"*.

Similmente la EFB, *European Federation of Biotechnology[2]* la definisce quale "L'*integrazione delle scienze naturali, e inoltre di organismi, cellule, loro parti o analoghi molecolari, nei processi industriali per la produzione di beni e di servizi*".

---

[1] Tale citazione risulta coerente con quella adottata da Blossom Associati-Assobiotech e con quella di Ernest & Young.
[2] Established by European scientists in 1978, the European Federation of Biotechnology (EFB) is Europe's non-profit federation of National Biotechnology Associations, Learned Societies, Universities, Scientific Institutes, Biotech Companies and individual biotechnologists working to promote biotechnology throughout Europe and beyond.

L'OECD ha poi sviluppato una lista delle tecniche utilizzate nella definizione di biotecnologia[3] moderna:

Tabella 1 Tecniche utilizzate dalla biotecnologia moderna

Table 1. Examples of biotechnology techniques, applications, and end uses

Biotechnology technique	Production/application	Product and end use
Develop genetically enhanced or modified microbes or fungi to make enzymes	Produce enzymes, such as proteases, lipases and amylases which remove stains	Enzymes for use as brightening and cleaning agents in detergents[1]
Develop genetically enhanced microbes to make enzymes	Produce enzymes which selectively degrade lignin and break down wood cell walls during pulping	Enzymes for use in paper bleaching[1]
Develop genetically enhanced organisms to produce enzymes	Enzymes that convert crop residues (stems, leaves, straw, and hulls) to sugars that are then converted to ethanol	Ethanol fuel for use in transportation[1]
Use of biomarkers and other biotechnologies to identify genes in wild varieties that confer improved characteristics and their use in conventional breeding programmes	Develop fungal resistance in tomato plant varieties, drought and pest resistance in rice for West African growing conditions	Improved seed varieties for use in agriculture
Use of rDNA technology to transfer genes from one species to another	Develop pest resistant cotton and soybeans containing a gene to produce the *Bacillus thuringiensis* toxin	Improved seed varieties for use in agriculture
Use of rDNA technology to produce large molecule drugs	Produce alguerase rNDA to treat Gaucher's syndrome, human protein C to treat venous thrombosis, etc.	Therapeutic medicines with new modes of action for use by patients
Lipid and pegylation techniques for improved drug delivery	Modify interferon to reduce injection site reactions and frequency of injections	Therapeutic medicines with improved half-lives and reduced side effects for use by patients
Identification and genetic modification of plant genes for tolerating heavy metal contaminants	Develop plant varieties that can absorb soil or water contaminants such as cadmium or zinc	Use of plant varieties in phytoremediation to clean contaminated soils or groundwater

1. Example taken from report: New Biotech Tools for a Cleaner Environment, Biotechnology Industry Organization, 2004.

Tabella 1 fonte: OECD (2005)

---

[3] OECD (2005) A Framework for Biotechnology statistics OECD, Paris.

Il settore delle biotecnologie coinvolge numerose disciplinetra cui: la biochimica, la biologia cellulare e molecolare, la chimica, l'elettronica, la fisiologia animale e vegetale, la genetica molecolare, l'ingegneria chimica e di processo, la microbiologia e l'immunologia. La multidisciplinarietà della filiera biotecnologica crea una varietà di prodotti nei mercati di sbocco che vanno dai farmaci, in ambito medico e veterinario, ai fitofarmaci, ai batteri per la difesa ambientale, ai nuovi materiali, agli strumenti bioinformatici e biomedici.

Grazie all'utilizzo della biotecnologia si sono potute attuare delle innovazioni di:

- Processo: si ottengono gli stessi prodotti ma con processi produttivi più semplici e meno onerosi. Emblematico è il caso dell'insulina e degli ormoni femminili ricombinanti prodotti con cellule ingegnerizzate.

- Prodotto: creazioni di prodotti innovativi che possono essere ottenuti solo con i nuovi processi di produzione, come la creazione in laboratorio di molecole che agiscono direttamente sulle specifiche malattie.

- Organizzazione: con l'utilizzo dei nuovi prodotti, frutto dell'innovazione biotecnologica, si sono affrontati alcuni problemi in maniera differente. Un esempio può essere l'utilizzo di prodotti di bonifica di siti inquinati che agiscono direttamente in loco.

- Strumenti: sono stati creati nuovi strumenti per la diagnostica delle malattie e dei difetti genetici.

La multidisciplinarità delle applicazioni biotecnologiche dimostra come tale disciplina abbia origini ed evoluzioni legate alle più importanti scoperte scientifiche della storia.

Le biotecnologie, infatti, hanno origini antichissime. Sin dai tempi più remoti, l'uomo utilizzava inconsapevolmente tecnologie che si avvalevano essenzialmente dell'utilizzo dell'attività fermentativa di microrganismi (batteri, lieviti, enzimi e muffe) per la produzione di cibi e bevande. Ne sono un esempio le produzioni di vino e birra dei Sumeri e dei Babilonesi ed il pane lievitato degli Egizi.

1. Tali eventi rimasero inspiegati fino al 1871 quando Louis Pasteur riuscì a dimostrare il ruolo svolto dai microrganismi, ed in particolare del lievito, nel processo fermentativo, ponendo così le premesse delle 'biotecnologie moderne'.

2. Anche nell'agricoltura e nell'allevamento gli uomini antichi riuscivano ad incrementare la produzione dei campi selezionando i semi delle piante con le caratteristiche migliori ed a selezionare le specie di animali domestici più adatte alle loro esigenze. Fu Gregor Mendel che nel 1860, pur non conoscendo il meccanismo con cui si trasmettevano i caratteri, determinò attraverso esperimenti sull' ibridizzazione delle piante, le leggi che ne regolano la trasmissione da una generazione all'altra, gettando le basi della genetica. Il novecento

14

si apre con la produzione industriale del lievito tramite la fermentazione aerobica, grazie alla quale si produrrà l'acetone ed il butanolo. Negli anni tra le due guerre l'acetone divenne, anche se per un periodo limitato, il prodotto chiave delle biotecnologie. Nel ventesimo secolo l'industria della fermentazione passa in secondo piano in seguito alla scoperta degli antibiotici. Infatti con grande fortuna Alexander Fleming si accorse che in una coltura di stafilococchi si era creata una macchia di muffe come tante altre che però aveva eliminato tutte le colonie di batteri presenti precedentemente. La muffa miracolosa fu identificata come "*Penicillium notatum*", e la sostanza che diffondeva nel mezzo di coltura penicillina. Sempre in quegli anni iniziarono ad essere condotti in condizioni sterili i processi biotecnologici per la coltura massiva di organismi microbici; queste tecniche hanno eliminato il rischio di contaminazione da parte di altri organismi ed hanno condotto alla produzione commerciale di amminoacidi, acidi organici, enzimi, steroidi, polisaccaridi, anticorpi monoclonali, vaccini e di antibiotici.

Di importanza decisiva risultò, nell'anno 1953, la scoperta da parte di Watson e Crick della struttura tridimensionale del DNA, che suggerì quale potesse essere il funzionamento della molecola presente nelle cellule degli organismi viventi, ossia conservare, trasmettere e regolare le informazioni genetiche di ogni individuo.

Il passaggio alle 'biotecnologie innovative o avanzate',e la nascita dell'ingegneria genetica, è riferibile al 1972, quando tre biochimici americani, Herbert Boyer, Paul Berg e Stanley Cohen, svilupparono il primo DNA ricombinante[4], ovvero la realizzazione di una sequenza di DNA ottenuta artificialmente dalla combinazione di materiale genetico proveniente da organismi differenti. Nel 1980 la Corte Suprema degli USA decise di brevettare le forme di vita geneticamente modificate e così nel 1982 la *Food and Drug Administration* (FDA) brevettò il primo prodotto biotecnologico, l'insulina umana.

Nel 1986 Kary B. Mullis ideò la metodica della PCR (*Polymerase chain reaction*), reazione a catena della polimerasi che consente la moltiplicazione di frammenti di acidi nucleici dei quali si conoscono le sequenze nucleotidiche iniziali e terminali. Tale tecnica ha trovato molte applicazioni pratiche tra le quali si annoverano le fermentazioni microbiche con batteri ricombinanti, i vaccini virali, la produzione di proteine di mammifero, piante e animali transgenici, le biotecnologie ambientali a regolazione e terapia genica. In seguito a tale invenzione, di fondamentale importanza per il settore biotecnologico, a Kary B. Mullis venne assegnato il Premio Nobel nel 1993.

3. Possiamo quindi individuare le tappe fondamentali del processo in modo più dettagliato e più analitico:

---

[4] Dna ricombinante è una tecnica che permette di ottenere brevi segmenti di DNA, moltiplicarli, studiarne la sequenza nucleotidica e trasferirli nel genoma di altre cellule controllandone l'incorporazione e l'espressione. Tale tecnica permette di ottenere proteine copiate da quelle già esistenti ma anche nuove proteine.

- 1750 AC.- I Sumeri fermentano la birra.

- 500 AC.- I cinesi usano la soia come antibiotico per trattare malattie della pelle.

- 1675.- Leeuwenhoek scopre i protozoi ed i batteri.

- 1797.- Jenner inietta ad un bambino un vaccino virale per proteggerlo dal vaiolo.

- 1830.- Vengono scoperte le proteine.

- 1833.- Viene scoperto il nucleo delle cellule.

- 1855.- Pasteur comincia a lavorare sul lievito, dimostrando per la prima volta che si tratta di organismi viventi.

- 1863.- Mendel, nel suo studio sui piselli, scopre che le caratteristiche sono state trasmesse dai genitori alla progenie da unità indipendenti, denominate successivamente geni. Le sue osservazioni pongono le fondamenta nel campo della genetica.

- 1879.- Flemming scopre le cromatine, le strutture ad asta all'interno del nucleo delle cellule che successivamente vengono chiamate "cromosomi."

- 1888.- Waldyer scopre il cromosoma.

- 1907.- Viene segnalata la prima coltura in vivo delle cellule animali.

- 1909.- Alcuni geni vengono collegati alle malattie ereditarie.

- 1911.- Viene scoperto il primo virus che causa il cancro.

- 1919.- La parola "biotecnologia" viene usata per la prima volta da un assistente tecnico agricolo ungherese.

- 1920.- Evans e Long scoprono l'ormone della crescita.

- 1928.- Fleming scopre la penicillina, il primo antibiotico.

- 1953.- Watson e Crick rivelano la struttura tridimensionale del DNA.

- 1955.- Viene isolato per la prima volta un enzima addetto alla sintesi di un acido nucleico.

- 1961.- Per la prima volta viene compreso il codice genetico.

- 1969.- Viene per la prima volta sintetizzato in vitro un enzima.

- 1972.- La composizione del DNA degli esseri umani viene scoperta essere per il 99% simile a quelle degli scimpanzé.

- 1973.- Cohen e Boyer effettuano il primo esperimento ricombinante del DNA, usando geni di batteri.

- 1977.- Batteri ricombinanti vengono utilizzati per sintetizzare la proteina umana della crescita.

- 1979.- Vengono prodotti i primi anticorpi monoclonali.

- 1982.- Humulin, l'insulina umana prodotta dalla Genentech, utilizzando batteri geneticamente modificati, è il primo farmaco biotech che viene approvato dalla FDA per il trattamento del diabete

- 1984.- Viene sviluppata la tecnica dell'impronta genetica del DNA. Viene sviluppato il primo vaccino geneticamente modificato.

- 1986- Kary B. Mullis inventa la tecnica della PCR;

- 1987.- Humatrope viene usato per curare la deficienza del fattore di crescita.

- 1988.- Il Congresso USA costituisce un fondo per il progetto del genoma umano allo scopo di tracciare ed ordinare il codice genetico umano.

- 1989.- Epogen della Amgen è approvato per il trattamento dell'anemia collegata a malattie renali.

- 1993.- Betaseron della Chiron è approvato come il primo trattamento per la sclerosi multipla.

- 1997.- Scienziati scozzesi clonano la pecora Dolly, usando il DNA di cellule di pecore adulte. La pelle umana viene prodotta in vitro.

- 1999.- Viene decifrato il codice genetico completo del cromosoma umano.

- 2001.- Viene pubblicata la sequenza del genoma umano.

- 2004.- Viene approvato l'Avastin della Genentech, primo farmaco anti-angiogenesi per il trattamento del cancro al colon.

- 2007.- Vengono ottenute le prime cellule staminali embrionali senza utilizzare embrioni, risolvendo importanti questioni etiche.

- 2010- Avvento della Biologia sintetica.

1.2 Settori

- Le applicazioni delle biotecnologie sono molteplici e oggi sono state suddivise in quattro categorie:

- *Red biotechnology* (biotecnologie rosse): vengono riferite ai settori della medicina, della veterinaria e dell'industria farmaceutica; si prefiggono lo scopo di sviluppare nuovi farmaci e nuovi procedimenti di trattamento profilattico o terapeutico di patologie. Alcuni esempi sono lo sviluppo di terapie cellulari per la cura di patologie quali il cancro o le malattie neurodegenerative, la produzione di nuovi vaccini contro patologie a larga diffusione quali l'AIDS. Per tale settore vi è un'ulteriore suddivisone in cinque categorie: a) terapeutici, b) tecnologie e servizi per la *drug discovery*, c) *drug delivery*, d) *tissue engineering*, e) diagnostica molecolare[5].

- *Green biotechnology* (biotecnologie verdi o agroalimentari): vengono riferite al settore alimentare, chimico, produttivo, *pharming* molecolare; si prefiggono lo scopo di migliorare le caratteristiche di piante e animali di interesse agricolo e zootecnico. Alcuni esempi sono la realizzazione di piante ed animali transgenici e la produzione di farmaci in piante.

- *White biotechnology* (biotecnologie bianche): si riferiscono ai processi di interesse industriale, conosciute più comunemente come biotecnologie industriali. Alcuni esempi sono la produzione di energia alternativa[6], lo smaltimento

---

[5] Suddivisione effettuata da Ernest & Young in " *Beyond bordes: global biotechnology report* 2009".

dei rifiuti, l'utilizzazione di enzimi come catalizzatori industriali per la preparazione di nuovi composti chimici utili all'uomo ed anche le tecnologie di *bioremediation*[7] per l'ambiente.

- *Blue biotechnology* (biotecnologie blu): di recente classificazione si applicano all'ambito marino e acquatico.

Le potenzialità scientifiche delle biotecnologie nel campo agroalimentare, farmaceutico, energetico e industriale sono rilevanti ed hanno modificato e modificheranno sia il modo di produrre che gli stili di vita e di consumo.

Le imprese Biotech cercano infatti di sfruttare ed incrementare tali potenzialità; nel rapporto Ernest & Young vengono definite come le imprese che utilizzano moderne tecniche biologiche per sviluppare prodotti o servizi per la cura dell'uomo o degli animali, la produttività agricola, la lavorazione dei generi alimentari, le risorse rinnovabili, la produzione industriale e la tutela dell'ambiente.[8]

---

[6] Un esempio è il biogas ottenuto da reflui industriali ed enzimi a scopo energetico, ma anche le bioraffinerie per la produzione di etanolo di seconda generazione.
[7] Bonifica con metodi biologici; si intende anche l'insieme di metodi, tecniche e tecnologie con i quali tramite l'utilizzo di essere vivente e quindi della biosfera si cerca di porre rimedio a perturbazioni o inquinamento dell'ambiente naturale". Tratto da M. CAIAZZO e R. VISELLI Bioremediation, il rimedio ambientale con metodologie biologiche. Liquori editore 2008.
[8] L'OCSE definisce le aziende *biotech* anche quelle che utilizzano almeno una tecnica biotecnologica per produrre beni o servizi e/o per fare ricerca e sviluppo.

Le imprese Biotech sono *science-based* allo stesso modo di quelle farmaceutiche o nanotecnologiche, le possiamo distinguere tra *pure biotech* e *not pure biotech*; le prime sono nate e sviluppatesi intorno alle moderne tecnologie biotecnologiche,[9] cioè hanno il loro *core business* incentrato sul *biotech*, invece le *not pure biotech* sono la possibile evoluzione di alcune aziende tradizionalmente attive nella farmaceutica verso il settore delle biotecnologie.

La caratteristica delle imprese che operano nel mondo scientifico, *science based*, è che oltre ad occuparsi della vendita dei prodotti e delle tecnologie, deve anche integrarsi con il mondo della ricerca. Il Nobel Renato Dulbecco così si esprime al riguardo: "Lo sviluppo della biotecnologia richiede sia un forte impegno nella ricerca di base sia la messa a punto di pratiche innovative. Richiede un mondo industriale capace di valutare le scoperte scientifiche per svilupparle verso l'innovazione. L'esperienza statunitense nel campo delle biotecnologie indica con chiarezza che è possibile conciliare le esigenze delle imprese e quelle della ricerca scientifica senza sacrificare né la redditività né il rigore scientifico".

L'impresa *science-based* è spesso l'espressione di un processo di *spin-off*[10] che trae impulso dal sistema scientifico tecnico-scientifico (*spin-off* accademici[11]) o da altre imprese (*spin-off* aziendali[12])[13].

---

[9] Definizione adottata da Ernest & Young nel rapporto sulle biotecnologie in Italia 2010.
[10] Il termine *spin-off* indica quelle imprese nate per iniziativa di altre imprese o di organizzazioni di altra natura, quali università e centri di ricerca. Si tratta, dunque, di *start-up* caratterizzati dal fatto di costituirsi utilizzando le risorse (finanziamenti, tecnologie, risorse umane, relazioni, ecc.) messe a disposizione

Possiamo individuare tre tratti costitutivi di tale tipologia di impresa:

-   La figura imprenditoriale, che nella maggior parte dei casi è rappresentata da un ricercatore che cerca una alternativa proficua per finanziare i propri progetti di ricerca.

-   La rilevanza dei luoghi dell'innovazione, il *know-how* e le competenze diffuse in un'area territoriale diventano di grande importanza. La cooperazione con l'università e con centri di ricerca dotati di personale specializzato e infrastrutture scientifiche e tecnologiche di eccellenza rende più facile l'accesso ad un insieme di *assets* complementari,

---

da un'altra entità madre. L. Petretto "Imprenditore ed Università nello start-up di impresa. Ruoli e relazioni critiche. Firenze University Press, Firenze, 2008

[11] GLI *Spin-off* accademici sono un particolare tipo di filiazione nelle quali la figura imprenditoriale è rappresentata da professori , ricercatori universitari, dottorandi o borsisti dell'università o di altri enti pubblici di ricerca. I fattori che determinano la costituzione di nuovo imprese di questo tipo sono vari, come l'intuizione di un ricercatore (magari consigliato da qualche docente che lo ha seguito nel corso della laurea o del dottorato di ricerca); la messa a punto di risultati a prototipi con buone potenzialità di mercato, che ricercatori intraprendenti decidono di provare ad industrializzare e commercializzare; la ricerca di guadagni e stimoli professionali maggiori rispetto a quelli offerti dall'ente di ricerca volte ad incentivare lo sfruttamento economico dei risultati. A. Lipparini e G. Lorenzoni Imprenditori e imprese. Idee, piani, processi. Il Mulino, Bologna,2000.

[12] Lo *Spin-off* aziendale ha due caratteristiche fondamentali: il primo è che il fondatore dell'impresa è un'ex dipendente di un'impresa da cui fuoriesce; il secondo è che l'avvio della nuova iniziativa si impernia sullo sfruttamento di un patrimonio fondamentale di conoscenze, esperienze e connessioni, accumulate durante la permanenza nell'impresa di provenienza. M. Sorrentino "Le nuove imprese. Economia delle iniziative imprenditoriali"Cedam,2003.

[13] D. Baglieri. L'impresa biotech tra scienza e mercato. Risorse critiche per lo start-up e fattori di sviluppo. 2004 G. Giappichelli Editore- Torino.

di infrastrutture e di condizioni favorevoli ad esempio per avviare collaborazioni con grandi imprese come partner.

La prima impresa *biotech* nasce a San Francisco nel 1978 la Genentech fondata dal finanziere Robert Swanson e dal biologo Herbert Boyer. L'impresa ottenne il primo brevetto per l'inserimento di una sequenza di DNA estraneo in un batterio, successivamente produsse la prima proteina umana, la somatostatina ed, infine, brevettò il primo farmaco biotecnologico: l'insulina umana.

1.3 Le biotecnologie agroalimentari

Il settore agroalimentare è il primo in cui l'uomo ha utilizzato tecniche biotecnologiche per l'ottenimento di nuovi prodotti e processi.

Pane, vino, birra e formaggio sono alla base dell'alimentazione umana da millenni e quindi fin dall'antichità inconsapevoli biotecnologi hanno operato nell'indifferenza generale producendo i più comuni beni di consumo. Negli ultimi 50 anni però le scoperte scientifiche si sono susseguite ad ritmo vertiginoso ed il limite della conoscenza umana si è spostato sempre più verso l'infinitamente piccolo, fino ad arrivare a decifrare il codice stesso della vita e a studiarne le leggi fondamentali.

"Infatti, fin da quando l'uomo ha smesso di essere nomade ed è divenuto stazionario ha imparato ad addomesticare gli animali e a coltivare le piante modificandone, spesso, il patrimonio genetico. La selezione operata dall'uomo ha avuto come risultato quella di rendere molte delle piante coltivate e degli animali allevati, a non essere più idonei a sopravvivere negli ecosistemi naturali . La differenza sostanziale risiede nel fatto che con la selezione tradizionale il caso gioca un ruolo predominante, mentre con le biotecnologie, è possibile determinare, in anticipo, il risultato della manipolazione[14]".

Le moderne biotecnologie cercano di rendere sempre più sicuri e più adatti alle esigenze dell'uomo tali processi rudimentali e grossolani che l'uomo ha da sempre utilizzato.

Questa tecnologia ritiene di poter modificare a piacimento e in maniera programmata il patrimonio genetico degli organismi viventi, avvalendosi di strumenti totalmente diversi dalle procedure di selezione tradizionali.

L'ingegneria genetica e, più in generale la manipolazione genetica delle piante consistono di un insieme di tecnologie considerate come lo sviluppo di tecnologie tradizionali di miglioramento genetico, da sempre basate sull'incrocio e sulla

---

[14] O. Cimino, Le Agro-Biotecnologie tra dibattito e normativa in "www.agraria.org" n°96/febbraio 2010

selezione. Come tutta la tecnologia, quella genetica incide nel sistema agrario sul processo, sul prodotto e sull'organizzazione.

Allo stesso modo l'intervento biotecnologico può essere applicato sul "processo" o sul "prodotto":

Nell'intervento sul "processo", gli ambiti di applicazione sono tre:

- complementare, quando si interviene per rendere una pianta tollerante ad un diserbante modificandone il DNA;

- di sostituzione, quando le modifiche mirano a ottenere una resistenza a insetti parassiti, a virus o a funghi e batteri nemici di quella specie vegetale

- agronomico, mirato a raggiungere svariati risultati quali: variare la biologia riproduttiva del vegetale, controllare la forma della pianta o la sua velocità di sviluppo, stimolare la produzione di frutti senza semi, incidere sul colore dei fiori o rendere la pianta resistente a stress ambientali.

Nell'intervento sul "prodotto" gli obiettivi da raggiungere possono rientrare in due grandi gruppi:

- migliorare la qualità del prodotto quali la modificazione della maturazione dei frutti, composizione degli oli vegetali, incremento o diminuzione della percentuale di amidi o altri polisaccaridi. In questo ambito rientrano i functional foods, quei cibi modificati allo scopo di portare benefici per la salute. Ve ne sono di convenzionali, i cui benefici derivano da additivi, integratori, probiotici, ecc., ma sono allo studio anche functional foods biotech, cibi derivati da colture ingegnerizzate. Non fantascienza, ma realtà come il golden rice (arricchito con vitamina A), la protato (patata a elevato contenuto proteico), la soia con ridotta allergenicità o ad alto contenuto di acido oleico.

- migliorare le caratteristiche nutrizionali dell'alimento (salubrità dei frutti, diminuzione della tossicità alimentare e del potere allergenico, aumento delle componenti nutritive quali ad esempio le vitamine, ed altre peculiarità come la qualità panificatoria)

Le biotecnologie applicate all'agricoltura consentono inoltre di usare le piante come "fabbriche"

- Per l'industria chimica (carburanti, plastiche)

- Per l'industria farmaceutica (produzione di farmaci)

- Per la produzione di vaccini (in patata, banana e pomodoro)

Passando al settore alimentare le biotecnologie innovative hanno consentito un rapido sviluppo di nuovi metodi diagnostici che permettono il controllo della qualità e dello stato di conservazione degli alimenti.

Nel dosaggio di contaminanti chimici e biologici negli alimenti derivanti da animali da reddito, vengono infatti impiegati sostanzialmente tre tipi di test: enzimatici, immunologici e a sonde nucleiche. Tra gli esempi, il test enzimatico che permettere di determinare i residui di insetticidi presenti sui vegetali, o quelli per la valutazione della freschezza del pesce o di altri alimenti deperibili quali la carne e il pollo. O, ancora, test immunoenzimatici per il rilievo delle tossinfezioni e adulterazioni alimentari e per la diagnostica di agenti infettivi o infestivi negli alimenti (presenza di ormoni, antibiotici, enterotossine, aflatossine, microrganismi patogeni nel latte, nella carne, nelle uova).

Analizzando in particolare le aziende che operano nel settore delle biotecnologie agroalimentari si evince che, come gli altri settori, si caratterizza per la presenza predominante di imprese di micro e piccole dimensioni. Esse, sono 55, di cui 42 perfettamente dedicate al settore e 13 operanti anche negli altri. L'origine più diffusa delle imprese green dedicate è quella di start-up (35% dei casi), mentre nel 33 % dei casi si tratta di spin-off accademici, nell'8% di spin-off o spin-out industriali e nel 5% di filiali di multinazionali a capitale estero (fig. 1).

Tenendo conto esclusivamente del fatturato del settore legato alle biotecnologie si stima un mercato di 19 milioni di euro nel 2008 (crescita del 5% rispetto ai dati del 2007), con una media degli investimenti in R&S che è di 0,8 milioni di euro per ogni impresa green.

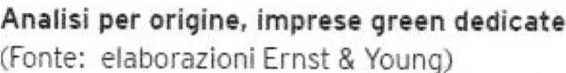

Analisi per origine, imprese green dedicate
(Fonte: elaborazioni Ernst & Young)

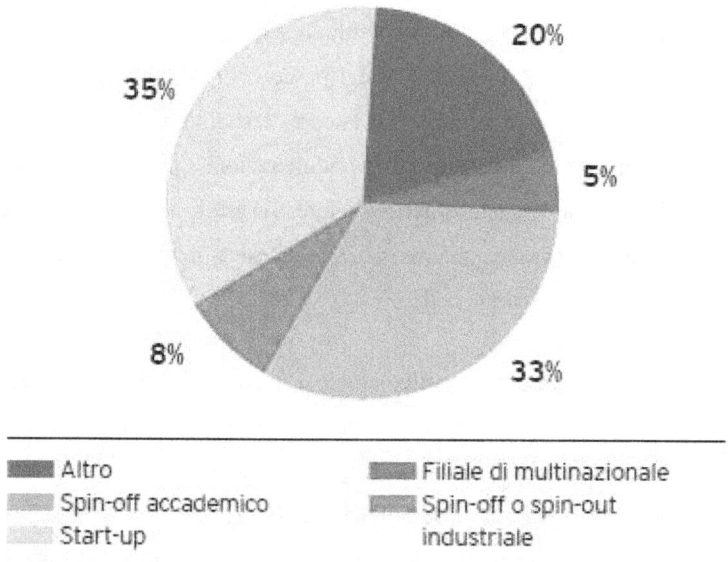

Figura 1

1.4 Scenario economico mondiale

Secondo una ricerca OCSE (2009)[15] il maggior numero di imprese biotecnologiche è localizzato negli USA con un numero pari a 3.301, seguito dal Giappone con 1.007 e dalla Francia con 824 (fig. 2). Il dato aggregato europeo 3.377 è di poco superiore a quello degli Usa. I motivi di tale dato principalmente riguardano gli elevati

Numero di imprese biotecnologiche nei vari Paesi

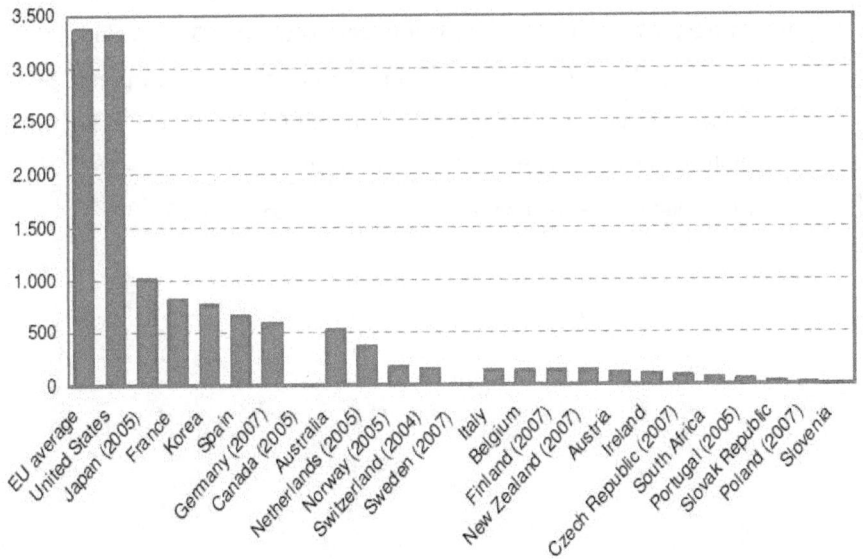

Fonte: OECD Biotechnology Statistics 2009

Figura 2

[15] OECD Biotechnology Statistics 2009, Brigitte van Beuzekom and Anthony Arundel

investimenti pubblici e privati in R&S, al volume di fatturato delle imprese, ad una legislazione maggiormente propensa alla protezione di brevetti e all'esistenza di forti legami tra mondo accademico e sistema imprenditoriale.

Gli Usa detengono la *leadership* anche per il numero di occupati nel settore e per l'intensità della R&S biotecnologica, per quanto riguarda il primo primato lo detengono con un valore pari a 1.360.000 seguiti dalla Francia con 237.44 e Corea con 130.767; per quanto riguarda il secondo hanno una percentuale pari al 31% seguiti dalla Svizzera 28%, Irlanda 27%, Belgio 26% e Svezia 24%. I paesi con minor intensità di R&S sono la Slovenia 0,03%, l'Italia e la Repubblica Slovacca con lo 0,02%, il Portogallo e il Sud Africa con lo 0,01% e la Polonia con una percentuale quasi pari a zero (fig. 3).

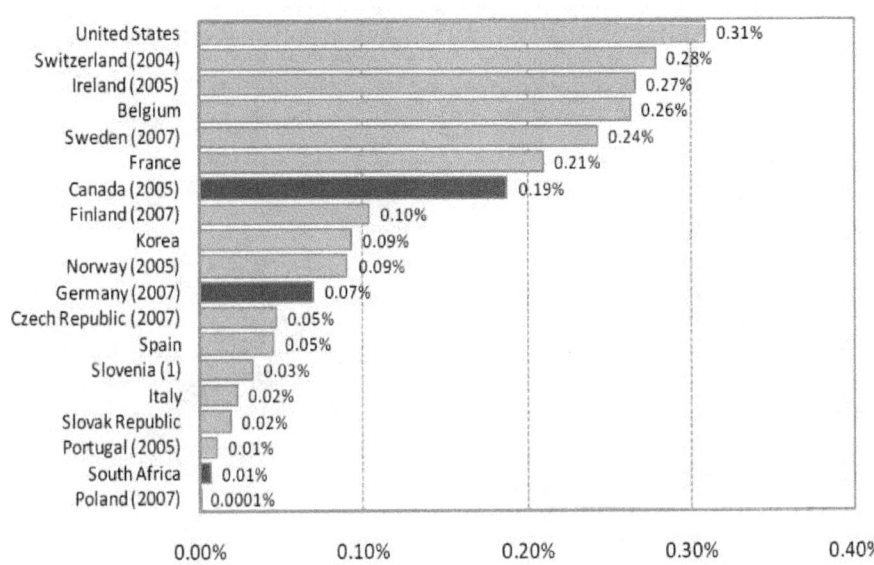

Biotechnology R&D intensity, 2006
Biotechnology R&D as a percent of industry value added

☐ Biotech R&D firms   ▓ Dedicated biotech firms

United States	0.31%
Switzerland (2004)	0.28%
Ireland (2005)	0.27%
Belgium	0.26%
Sweden (2007)	0.24%
France	0.21%
Canada (2005)	0.19%
Finland (2007)	0.10%
Korea	0.09%
Norway (2005)	0.09%
Germany (2007)	0.07%
Czech Republic (2007)	0.05%
Spain	0.05%
Slovenia (1)	0.03%
Italy	0.02%
Slovak Republic	0.02%
Portugal (2005)	0.01%
South Africa	0.01%
Poland (2007)	0.0001%

0.00%   0.10%   0.20%   0.30%   0.40%

Intensità delle R&S biotecnologica

Sources: OECD, Biotechnology statistics database; OECD, MSTI 2008/1, January 2009

Figura 3

33

Spesa totale di R&S biotecnologica nei settori di attività (2006)

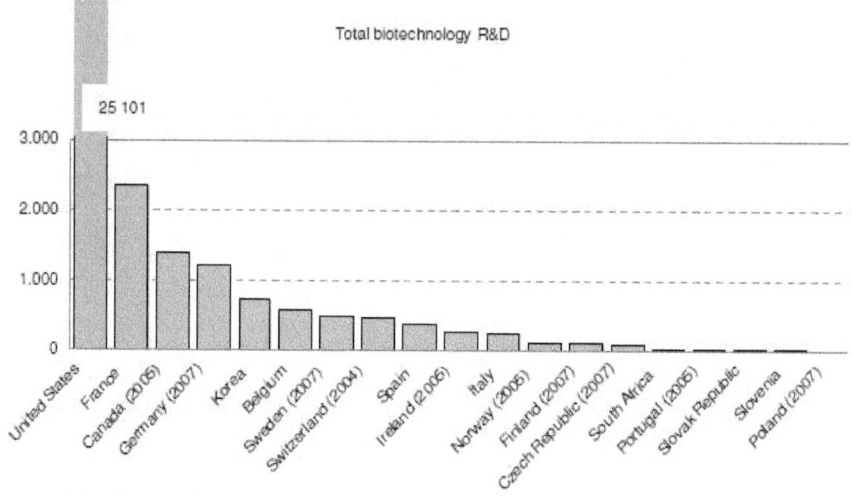

Fonte: OECD Biotechnology Statistics 2009

Figura 4

E' interessante notare che la maggior parte della R&S viene effettuata da imprese di grandi dimensioni, nonostante la prevalenza in quasi tutti i Paesi, di imprese di piccole dimensioni. In questo caso la Polonia ne detiene il maggior numero con una percentuale dell'80% circa seguono Sud Africa, Germania, Austria, Nuova Zelanda e Spagna; con il 75% Usa e Canada; con il 65% Italia, Francia e Corea; infine in coda abbiamo Svezia e Corea con il 40%. Quest'ultimo è il Paese con il maggior numero di imprese di grandi dimensioni (fig. 5).

34

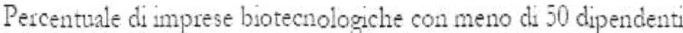

Percentuale di imprese biotecnologiche con meno di 50 dipendenti

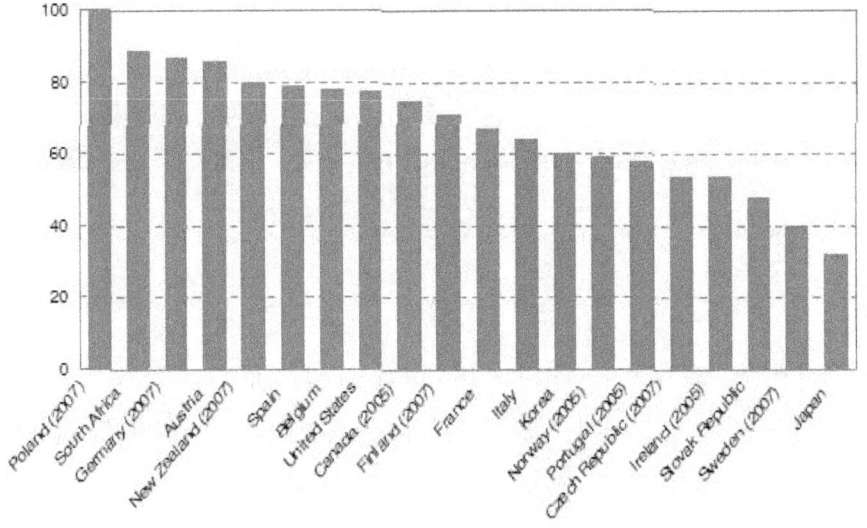

Fonte: OECD Biotechnology Statistics 2009.

Figura 5

Le industrie biotecnologiche non sono state immuni alla crisi dell'ultimo periodo storico subendo un forte impatto sul settore finanziario. Tale impatto non è stato uniforme, infatti, paesi come l'India e la Cina hanno continuato a crescere nonostante la recessione.

Invece il primo impatto della recessione negli altri quattro Paesi, USA, Europa, Canada ed Australia riguarda il reddito dichiarato, che ha subito una caduta del 9% da 86.8 US$ miliardi nel 2008 ai US$ 79.1 miliardi nel 2009[16].

Tabella 2 Crescita del settore biotecnologico nel biennio 2008-09

Growth in established biotechnology centers, 2008-09 (US$b)

	2009	2008	% change
Public company data			
Revenues	79.1	86.8	-9%
R&D expense	22.6	28.7	-21%
Net income (loss)	3.7	(1.8)	-314%
Number of employees	176,210	186,820	-6%
Number of companies			
Public companies	622	700	-11%

Source: Ernst & Young
2009 financials largely represent data from 1 January 2009 through 31 December 2009.
2008 financials largely represent data from 1 January 2008 through 31 December 2008.
Numbers may appear inconsistent because of rounding.

Passiamo ora ad analizzare i dati dei singoli paesi e vedere come la crisi ha avuto impatti diversi o similari in scenari economici differenti.

Stati Uniti d'America

I risultati devono essere interpretati tenendo conto dell'importante acquisizione da parte della Roche della Genentech, in

---

[16] Rapporto *"beyond borders 2010"* di Ernest & Young

quanto quest'ultima deteneva il 20% del reddito delle industrie biotecnologiche americane. Infatti, il reddito ha subito una riduzione del 13% rispetto ai dati del 2008, invece sorprendentemente l'attivo ha ottenuto un incremento del 782%; la spiegazione di questo dato si evince sia dai vantaggi e benefici concessi da parte dello stato sia dall'incremento dell'utile di aziende leader come la Amgen e Gilead e di aziende emergenti come la Human Genome Sciences e la Jazz Pharmaceuticals. Inoltre, è necessario evidenziare la riduzione del 14% di società quotate, le quali avendo conseguito un risultato economico negativo, hanno cessato l'attività oppure sono state oggetto di acquisizione.

Canada

In Canada il numero delle società per azioni si è ridotto significativamente da 72 società del 2008 a 64 nel 2009; una riduzione dell'11%. Il reddito invece è cresciuto del 9% rispetto al 2008 per l'acquisizione di quattro grandi società canadesi da parte di società straniere, alterando così il dato reale. Analogamente agli Usa ed all'Europa, anche in Canada le società si sono impegnate a tagliare i costi per sopravvivere, questi sforzi hanno dato ottimi risultati, infatti, si è ottenuto il risultato economico passivo generalmente più basso dell'ultima decade. Una riduzione del 98% del passivo da US$ 1.2 miliardi del 2008 al US$ 70 milioni del 2009. Questa importante riduzione è dovuta a tre distinti elementi. Il primo riguarda la riduzione dei costi da parte delle società, il secondo da un numero considerevole di società in perdita che sono state oggetto di acquisizioni o che hanno cessato la loro attività ed infine il terzo riguarda la riduzione di benefici che per pochi anni hanno ingrossato i bilanci patrimoniali di molte piccole società.

Tabella 3 Le biotecnologie in Canada nel biennio 2008-09

Canadian biotechnology at a glance, 2008-09 (US$m)

	2009	2008	% change
Public company data			
Revenues	2,163	1,979	9%
R&D expense	354	626	-44%
Net income (loss)	(70)	(1,148)	-94%
Market capitalization	6,571	4,217	56%
Number of employees	6,930	7,972	-13%
Financings			
Capital raised by public companies	633	271	134%
Number of IPOs	0	0	0%
Capital raised by private companies	100	207	-52%
Number of companies			
Public companies	64	72	-11%
Private companies	260	286	-9%
Public and private companies	324	358	-9%

Source: Ernst & Young
Financial data for 2009 were converted to US$ using an exchange rate of 1.14 (Canadian per US$), except market capitalization, which was converted using an exchange rate of 1.05. Data for 2008 were converted to US$ using an exchange rate of 1.07, except market capitalization, which was converted using an exchange rate of 1.22. Data for 2008 have been restated to reflect full-year results, since estimates in Beyond borders 2009 included some estimation of fourth quarter results. Numbers may appear inconsistent because of rounding.

Australia

La performance delle industrie biotecnologiche australiane riflette il *trend* ottenuto negli altri Paesi, ma a tal proposito è corretto analizzare due fattori. Il primo riguarda la Commonwealth Serum Laboratories (CSL), la più grande ed importante industria biotecnologica australiana, la quale oscura le *performance* delle altre piccole società. Il secondo fattore riguarda il cambio tra il dollaro americano e quello australiano, che ha subito un declino del 16% tra il giugno del 2008 ed il giugno del 2009.

Il reddito è aumentato del 7% da US$ 4.8 miliardi del 2008 a US$ 7.2 miliardi del 2009, ma se misurassimo lo stesso dato in dollari australiani avremo un aumento del 28% e se invece eliminassimo la performance della CSL avremmo un riduzione del 9%.

Infine per quanto riguarda il risultato economico, si evince una crescita del 71% dell'attivo ma il 63% della crescita è dovuta ai risultati della CSL.

Cina

La Cina incrementerà evidentemente il mercato biotecnologico e la produzione farmaceutica negli anni futuri. Il governo cinese ha incoraggiato lo sviluppo del settore biotecnologico attraverso investimenti diretti, riforme sulle proprietà intellettuali e incentivi commerciali. Inoltre ha identificato le biomedicine come uno dei focus strategici nel quinquennio 2006-2010; infatti il consiglio di stato cinese ha stanziato RMB 62.8 miliardi (US$ 9.2

miliardi) in supporto delle tecnologie, incluse le biotecnologie. Oltre a tutto ha assicurato la sicurezza nell'uso e nella produzione delle biotecnologie ed ha appoggiato la forte collaborazione tra industria e la ricerca. Shangai Zhangjiang Hi-tech Park, è il più grande parco scientifico cinese, il quale ha incubato quasi 100 società. Il parco include società farmaceutiche multinazionali come Pfizer e Roche, organizzazione di contratti di ricerca come Wuxi App tec e start-up di ricerca come Hutchison Medipharma, Microport e Genon Bio-engineering.

Il Beijing Zhongguancun Life Science Park è posizionato vicino Peking University e Tsinghau Univesity, questa vicinanza con le istituzioni di ricerca ha indotto alcune società di livello mondiale a stabilire il proprio centro di ricerca proprio all'interno del parco come la Genzyme, uno dei maggiori attori nel settore delle biotecnologie americano.

Infine, il più giovane dei parchi, fondato solo nel 2008 il Chine Medical City ha ottenuto velocemente successo, infatti la Glaxo-Smith-Kline nel 2009 ha scelto tale parco per la R&S dei vaccini.

Lo scenario cinese, in conclusione è in grande espansione e promette un'ulteriore progresso e crescita grazie al sostegno del governo, alla forte ricerca accademica, agli emergenti parchi scientifici e alla crescita di investimenti nazionali e non.

Tabella 4 Quotazione in borsa delle imprese biofarmaceutiche cinesi.

Chinese biopharmaceutical IPOs on domestic exchanges, 2009

Company	Month	Exchange	Amount raised (US$m)
Guilin Sanjin Pharmaceutical	July	Shanghai (SME)	133.2
Tibet Cheezheng Tibetan Medicine	August	Shanghai (SME)	70.8
Sinopharm Group	September	Hong Kong (HK Main)	1,295.40
Shenzhen Salubris Pharmaceuticals	September	Shanghai (SME)	174.8
Tianjin Chase Sun Pharmaceutical	October	Shenzhen (ChiNext)	110.4
Beijing Beilu Pharmaceutical	October	Shenzhen (ChiNext)	44.5
Anhui Anke Biotechnology Group	October	Shenzhen (ChiNext)	52.2
Chongqing Lummy Pharmaceutical	October	Shenzhen (ChiNext)	55.4
Zhejiang Xianju Pharmaceutical	December	Shanghai (SME)	102.4
Shanghai Kaibao Pharmaceutical	December	Shenzhen (ChiNext)	152.3
Guangdong Zhongsheng Pharmaceutical	December	Shanghai (SME)	160.9

Source: Ernst & Young and Bloomberg
Currency conversion taken from the first day of the IPO month.

India

Le industrie biotecnologiche indiane, nate in anni recenti, hanno cercato di sfruttare le opportunità del loro paese: forza lavoro esperta, bassi costi di fabbricazione e di ricerca e la crescente domanda di assistenza sanitaria. Le industrie biotecnologiche indiane non hanno subito la recessione globale, infatti, hanno sfruttato i vantaggi dell'aumento del taglio dei costi dell'Occidente. Negli anni ci sono stati significativi miglioramenti in diversi fronti. In collaborazione con attori privati il governo indiano continua ad investire in infrastrutture, in particolare in nuovi parchi biotecnologici. Sarà completato verso la fine del 2010 un nuovo parco biologico, per il quale sono stati stanziati US$ 220 milioni dall'Ansals API[17]. Il governo ha fatto in modo di incrementare lo sviluppo dei tre maggiori gruppi biotecnologici, "Mohali" in Punjab, "Faridabad" in Haryana e "Bangalore" in Karnataka. Il dipartimento delle biotecnologie ha approvato la creazione di un istituto di ricerca delle biotecnologie marine in Kerala, nel sud dell'India si pianifica la realizzazione di quattro zone biotecnologiche. Infine, nello stato del Karnataka si programma la creazione di cinque parchi biotecnologici. Tali progetti fanno evincere che negli anni recenti il settore biotecnologico indiano si sta gradualmente trasformando da fornitore di servizi a partner strategico per l'industria biotecnologica globale. Questa tendenza è confermata dalle continue alleanze tra le società indiane e l'Occidente che sfruttano le opportunità di bassi costi ed efficienza in R&S.

---

[17] Principale società di beni immobili ed infrastrutture indiana

Giappone

Nonostante la lunga tradizione di *leadership* tecnologico e affaristico, il Giappone nel settore delle biotecnologie ha subito fortemente la crisi ed è attualmente in via di sviluppo rispetto alle economie avanzate. Le società biotecnologiche giapponesi nel 2007 erano 586, oggi se ne stimano solo 500. Il governo giapponese ha investito considerevolmente nella costruzione di industrie, nello stanziamento di fondi e nell'introduzione di cambiamenti amministrativi, ma il problema fondamentale risulta essere sempre la ricerca di fondi, al di là dell'impegno del governo che continua a considerare le industrie biotecnologiche una delle maggiori priorità.

Europa

Le imprese biotecnologiche, americane e europee, hanno dimostrato di saper resistere in maniera considerevole alla crisi economica, infatti il numero delle società per azioni si è ridotto solo del 4 % da 179 del 2008 a 171 del 2009, una riduzione minima rispetto alle previsioni. Il reddito invece è aumentato dell'8% da € 11.0 miliardi nel 2008 a € 11.9 miliardi del 2009. Il 60% delle società ha ridotto le spese in R&S; tale riduzione dei costi è servita per risollevare il settore che vedeva una flessione delle perdite del 68% da € 913 milioni del 2008 a € 288 milioni del 2009. Molte compagnie hanno ottenuto un aumento del loro utile, come la Genmab, Meba, Photomed, Q-Med e Qiagen.

Tabella 5 Le biotecnologie in Europa nel biennio 2008-09

European biotechnology at a glance, 2008-09 (€m)

	2009	2008	% change
Public company data			
Revenues	11,904	11,010	8%
R&D expense	3,370	3,454	-2%
Net income (loss)	(288)	(913)	-68%
Market capitalization	44,300	33,426	33%
Number of employees	49,120	48,440	1%
Financings			
Capital raised by public companies	2,091	936	123%
Number of IPOs	3	3	0%
Capital raised by private companies	836	1,005	-17%
Number of companies			
Public companies	171	179	-4%
Private companies	1,619	1,640	-1%
Public and private companies	1,790	1,819	-2%

Source: Ernst & Young
Data were generally derived from year-end information (31 December). The 2009 estimates are based on January–September quarterly filings and preliminary annual financial performance data for some companies. The 2008 estimates have been revised for compatability with 2009 data. Numbers may appear inconsistent because of rounding

1.5 Scenario economico italiano e siciliano

L'industria biotecnologica italiana, nonostante sia partita in ritardo rispetto alle altre realtà internazionali, negli ultimi dieci anni ha recuperato terreno ed è cresciuta rapidamente.

Analizziamo il quadro aggiornato in merito alla consistenza ed alla morfologia del comparto *Biotech* in Italia.

Il settore *Biotech* in Italia risulta composto, in base alle rilevazioni dei dati analitici del 2009, da 319 imprese. Il 59% è costituito dal comparto *pure biotech* e cioè 187 unità, mentre il restante 41% dal *not pure biotech* per un totale di 132 unità (fig. 6). Facendo un'analisi degli ambiti di attività delle aziende biotecnologiche si rileva che: il 56% (179 unità del campione) opera esclusivamente nel *red Biotech* quindi si occupa principalmente di biotecnologia applicata alla salute dell'uomo; il 18% (58 unità del campione) opera nel settore delle GPTA (genomica, proteomica e tecnologie abilitanti), il 13% (42 unità del campione) opera nel settore del *green biotech* ambito delle agro-biotecnologie; il 7% (21 unità del campione) opera nell'ambito delle *white biotech* cioè processi industriali e salvaguardia dell'ambiente, ed il restante 6% (19 unità del campione) opera in imprese che hanno più di un settore di applicazione (*more core*) (fig. 7).

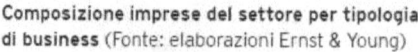
Composizione imprese del settore per tipologia di business (Fonte: elaborazioni Ernst & Young)

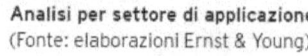
Analisi per settore di applicazione (Fonte: elaborazioni Ernst & Young)

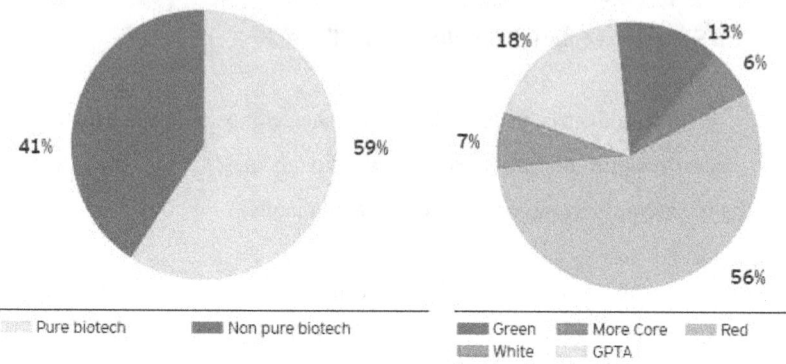

41%   59%

18%   13%
6%
7%
56%

░ Pure biotech   ▓ Non pure biotech

▓ Green   ▒ More Core   ░ Red
▒ White   ░ GPTA

Figura 6   Figura 7

La dimensione complessiva del fatturato *biotech* italiano è stimabile in 17,8 miliardi di euro nel 2008, con una crescita pari al 3% rispetto al 2007. Se si considera la dimensione economica finanziaria relativa ai solo prodotti *biotech* si registra un fatturato complessivo di 6,8 miliardi di Euro; dei quali l'11% è ottenuto dalle *pure biotech* (all'incirca 741 milioni di Euro). In riferimento al dimensionamento delle imprese, quelle di grandi dimensioni, che costituiscono il 14% del campione, ottengono l'84% del fatturato, mentre le micro imprese (41% del campione) producono meno dell'1% del fatturato (fig.9). Analizzando le imprese *pure biotech* si evidenzia che l'80% del campione è costituito da micro e piccole imprese, mentre le grandi imprese, nonostante rappresentino solo il 3% del campione, producono il 74% del fatturato. Fra le 319 imprese, per lo più costituite tra la fine degli anni '90 e l'inizio del 2000, originate prevalentemente come start-up (nel 53% dei casi) e spin-off accademici (24%) (fig.10), predominano le cosiddette 'pure biotech', 187 imprese, che hanno nelle biotecnologie il proprio core business: tra queste spiccano le micro (41%) e le piccole realtà (27%) (fig.8).

46

In particolare si è assistito alla nascita ed al consolidamento di un numero importante di incubatori e di parchi scientifici; difatti il 34% delle imprese *biotech* è localizzato presso un parco scientifico.

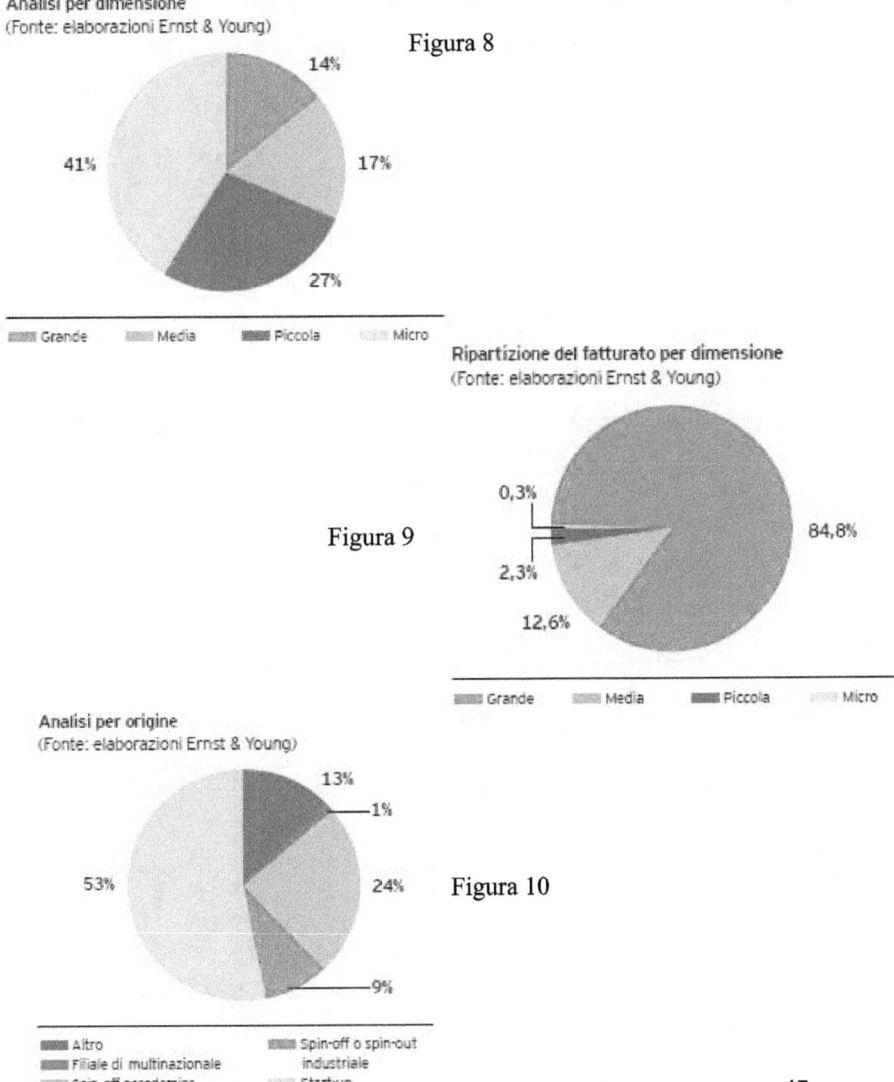

Analisi per dimensione
(Fonte: elaborazioni Ernst & Young)

Figura 8

14%

17%

27%

41%

Grande   Media   Piccola   Micro

Ripartizione del fatturato per dimensione
(Fonte: elaborazioni Ernst & Young)

Figura 9

0,3%

84,8%

2,3%

12,6%

Grande   Media   Piccola   Micro

Analisi per origine
(Fonte: elaborazioni Ernst & Young)

13%

1%

53%

24%

9%

Figura 10

Altro   Spin-off o spin-out
Filiale di multinazionale   industriale
Spin-off accademico   Start-up

Infine analizzando la distribuzione territoriale delle biotecnologie si evince che l'Italia presenta una forte concentrazione di imprese nel Nord. Infatti, se da un lato quasi tutte le regioni del nostro Paese (ben 17) vedono la presenza sul proprio territorio di imprese del settore, ad oggi poche regioni ospitano aggregazioni di imprese significative in termini numerici ed economici.

Distribuzione geografica delle imprese biotech (Fonte: elaborazioni Ernst & Young)

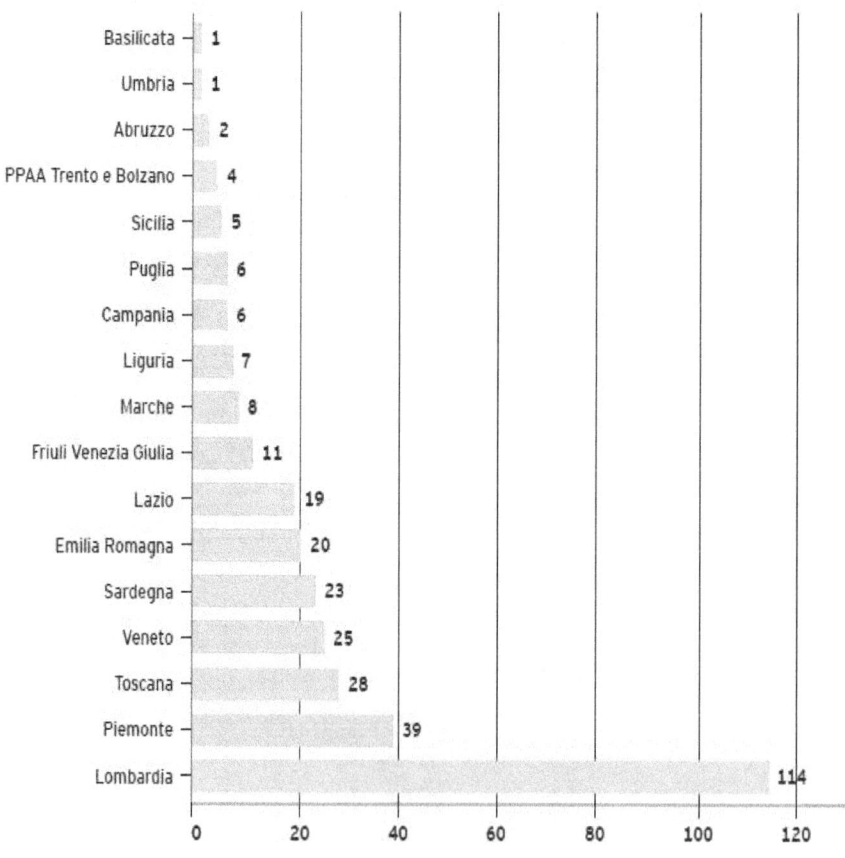

Figura 11

La più prolifera è la Lombardia (114 imprese), segue il Piemonte (39), la Toscana (28), il Veneto (25) e la Sardegna (23) (fig.11).

Tale marcata concentrazione territoriale è ancora più evidente qualora si conduca l'analisi a livello più disaggregato: le aziende *biotech*, oltre a localizzarsi su un numero limitato di regioni, tendono a concentrarsi, al loro interno, su alcune aree territoriali specifiche. In Toscana, ad esempio, le imprese non sono disperse sul territorio regionale, ma sono localizzate nelle aree di Firenze, Siena e Pisa, dove sono presenti i fattori di base necessari per lo sviluppo del settore[18].

Le unità di addetti impegnati nel settore biotecnologico sono circa 50.000, di cui il 9% impegnati in *pure biotech*; in particolare gli addetti impegnati in R&S sono circa 6.000 di cui il 35% nelle *pure biotech*.

Confrontando i dati italiani con quelli europei, possiamo concludere che le imprese *biotech* italiane, pur generando un fatturato inferiore rispetto a quelle francesi, inglesi e svedesi ed abbiano un numero di addetti inferiore, registrano un fatturato per addetto in linea con UK e Svezia e superiore a molti altri paesi.

---

[18] Imprese farmaceutiche italiane e filiali multinazionali straniere, partner scientifici (centri di ricerca e clinici) e parchi scientifici dove sono localizzate la maggior parte delle imprese.

Tabella 6

Sintesi dei principali parametri dell'industria biotech in vari paesi (Fonte: elaborazioni Ernst & Young)

Benchmark	Italia	Danimarca	Francia	Olanda	UK	Svezia
Numero Imprese Pure Biotech	187	92	175	90	299	134
Fatturato (mln €)	1.243	1.303	2.227	1.170	3.673	1.723
Investimenti in R&S (mln €)	348	919	551	293	1.397	522
Numero addetti	4.314	7.812	17.209	6.099	12.273	5.404
Investimenti in R&S/Fatturato	28%	71%	25%	25%	38%	30%

Infine, un dato positivo riguarda la diversificazione in termini di settore di applicazione, infatti, mentre negli altri paesi prevale il comparto *red biotech* in Italia vi è una percentuale maggiore di imprese che operano nei comparti *green biotech* e *white biotech* (fig.9).

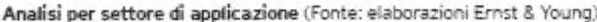

Analisi per settore di applicazione (Fonte: elaborazioni Ernst & Young)

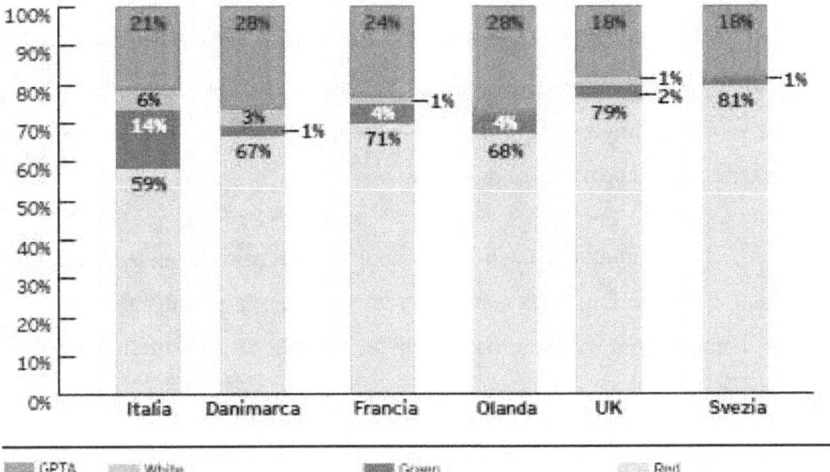

Figura 12

In conclusione, nonostante il settore *biotech* sia nato in ritardo ed abbia stentato a decollare, oggi possiamo dire che grazie ai centri di ricerca eccellenti ed alla qualità dei giovani ricercatori, vi è stato un significativo progresso della scienza biotecnologica in Italia. Tale progresso ha fatto si che vi sia un forte potenziale di crescita che deve essere coltivato cercando di incentivare gli investimenti pubblici[19] e privati, sia dal punto di vista qualitativo che da quello quantitativo, anche grazie agli incentivi previsti dalla normativa fiscale[20] a sostegno della ricerca.

---

[19] I fondi vengono allocati secondo procedure estremamente complesse e lente e senza criteri di valutazione *ex-ante* ed *ex-post* attendibili ed in linea con gli standard internazionali.

[20] Il credito d'imposta per le imprese che fanno ricerca è fondamentale per poter crescere e recuperare competitività industriale nei confronti degli altri paesi (la Francia *in primis* può essere preso come modello eccellente) .

La Sicilia registra un ritardo, rispetto alla media delle regioni italiane, riguardo alla crescita economica, anche se di recente ha mostrato importanti segnali di ripresa, potendo contare su un grande potenziale umano e di risorse.

Soprattutto negli ultimi anni si è stimato un andamento assai altalenante, in linea con la ristrutturazione e la prolungata crisi di competitività rilevata nei larghi strati del tessuto produttivo nazionale.

Nel secondo trimestre 2010 il rapporto tra deficit-PIL risulta pari al 3,6%, in aumento rispetto al 3,4% del corrispondente trimestre del 2009; il rapporto tra le entrate totali ed il PIL, in tale periodo, è stato pari al 44,7% rispetto al 46,5% del secondo semestre del 2009.

Analizzando il prodotto interno lordo della Sicilia, in rapporto percentuale rispetto al PIL Italia, si evince come nel corso di trent'anni (dal 1980 al 2009) non sia mai cresciuto, anzi è diminuito. Nel 1980 era pari al 6,1% di quello dell'Italia, nel 2000 al 5,7%, fino ad arrivare al 5,6 per cento quasi dieci anni dopo, ovvero nel 2009.

Anche i dati sull'occupazione/disoccupazione purtroppo non sono positivi, infatti nel secondo trimestre del 2010 l'occupazione è pari al 42,8%, in diminuzione rispetto al secondo trimestre del 2009 (44,1%); la disoccupazione risulta quindi in aumento con un tasso pari al 15,1% (II trimestre 2010) rispetto al 13,8% (II trimestre 2009)[21].

La percentuale di spesa per ricerca e sviluppo sul PIL della Sicilia è pari allo 0,51%, valore più basso della media del Mezzogiorno (0,63%) e del dato nazionale (1,02%). Tali risultati, inoltre, mettono in luce il ruolo fondamentale giocato dalle tre Università (Palermo, Catania e Messina) con il 68% del totale e la marginalità delle imprese che totalizzano il 19% della spesa per R&S nella regione[22]. Emerge quindi che le attività di R&S sono essenzialmente condotte dal settore pubblico o meglio dalle Università (condizione ascrivibile in parte alla rilevante presenza universitaria nell'isola) e che, invece, il contributo delle imprese è minimo (causata in parte dal tessuto di imprese piccole o piccolissime dimensioni).

La Sicilia presenta molti punti di debolezza: settore produttivo, caratterizzato da una preponderanza di micro imprese a gestione familiare, scarsamente innovative e fortemente concentrato solo su settori tradizionali; scarsa propensione all'export; poca coerenza della ricerca siciliana che non presenta specializzazioni con le caratteristiche settoriali e tecnologiche delle imprese; scarsi investimenti nel settore della ricerca e della sviluppo; scarsa relazione tra le strutture di ricerca e le aziende locali; difficoltà, soprattutto per le piccole e medie imprese, di accesso ai finanziamenti; mancanza di relazioni con la ricerca esterna alla regione; mancanza di un sistema di servizi che favorisca il

---

[21] www.istat.it
[22] Dati rilevati dal Piano operativo e strategico triennale anno 2008-2010.

53

trasferimento tecnologico ed il collegamento tra ricerca, tecnologie e mercato.

Negli ultimi anni però ha mostrato segnali di ripresa, e dall'analisi del settore delle biotecnologie è possibile individuare la presenza di grandi e piccole realtà. Un esempio è rappresentato dal *Centro di competenza tecnologica per le biologie avanzate (nodo Sicilia)*, orientato in modo esclusivo verso il settore della biomedica e le relative applicazioni industriali, incluse le biotecnologie mediche. Il nodo Sicilia concentra le proprie attività sulla *red biotecnology*: farmaceutica, sviluppo di diagnostici e terapeutici, banche di cellule e di tessuti animali ed umani. Le realtà scientifiche gestite dal *Centro di competenza tecnologica per le biologie avanzate* presenti sul territorio siciliano sono distribuite su quattro provincie: Messina, Palermo, Catania e Siracusa.

A Catania le attività sono svolte in collaborazione con:

- L'Università di Catania che offre servizi di consulenza tecnico-scientifica alle imprese, d'informazione in materia brevettuale e legislativa e di formazione alle unità di personale;

- L'azienda "IOM ricerca"[23] che si propone di sviluppare nuovi strumenti diagnostici e terapeutici nel campo oncologico. I suoi laboratori sono completamente attrezzati per ricerche nel campo della

---

[23] IOM Ricerca è un'azienda di biotecnologie nel campo dell'oncologia nata nel 2003 come *spin-off* dell'istituto Oncologico del Mediterraneo.

biologia molecolare e cellulare, dell'immunologia e dell'oncologia molecolare;

- L'istituto IRMA[24] che opera nel comparto della diagnostica clinica avanzata delle biotecnologie, del monitoraggio ambientale, della formazione e della ricerca.

A Messina opera in collaborazione con l'Università degli studi di Messina che mette a disposizione il personale tecnico, amministrativo e scientifico, per l'avvio delle attività di consulenza ed assistenza alle imprese per l'accesso alle agevolazioni per ricerca e formazione.

A Palermo opera in collaborazione con l'Istituto Zooprofilattico Sperimentale (IZS Sicilia) che è l'Ente sanitario che eroga servizi nell'ambito della sanità animale e dell'igiene delle produzioni zootecniche.

A Siracusa le attività sono svolte in collaborazione con l'ente di ricerca privato "Proteogen" che offre, in modo integrato alle imprese ed ai centri di ricerca pubblici e privati, servizi nei settori delle biotecnologie e della proteomica di elevato livello scientifico.

Sono presenti anche distretti tecnologici nella Regione Sicilia quali:

---

[24] IRMA è l'Istituto iscritto all'Albo Nazionale dei Laboratori di Ricerca presso il MIUR, oltre alle comuni prestazioni clinico-diagnostiche umane è in grado di effettuare ricerche sul DNA, test di paternità, ricerche sugli OGM, su acque potabili, reflui ed acque di balneazione, sull'inquinamento chimico dell'ambiente ed anche analisi agrarie, industriali, ambientali, degli alimenti e dei rifiuti.

- Distretto Tecnologico Agrobio e Pesca eco-compatibile: tale distretto interessa prevalentemente l'area territoriale delle provincie di Catania, Ragusa, Siracusa e Trapani. Esso opera per sviluppare applicazioni di biotecnologie avanzate in campo agroalimentare attraverso l'utilizzo di organismi viventi o loro componenti per migliorare le caratteristiche quali-quantitative di piante ed animali; per studiare metodologie innovative e sperimentali per la riproduzione, l'allevamento ed ingrasso di specie ittiche in ambiente marino protetto.

- Distretto Tecnologico Micro e Nanosistemi, Etna Valley: tale distretto interessa l'aerea territoriale delle provincie di Catania, Palermo e Trapani. Esso si contraddistingue per l'esistenza di un aggregato di aziende, sorto nella zona industriale di Catania, principalmente dedite alla microelettronica denominato Etna Valley. Le attività di sviluppo riguardano le applicazioni tecnologiche di micro- e nanofabbricazione in campo elettronico, ottico, biologico, chimico, meccanico e di gestione dei fluidi, attraverso la realizzazione di microsistemi e di materiali polifunzionali integrabili. Il Distretto si propone la realizzazione di dispositivi innovativi che, rispetto a quelli tradizionali, assicurino una più elevata affidabilità, minori interferenze con l'ambiente, più rapide risposte meccaniche e termiche e un limitato consumo di energia e materiali.

Come progetti futuri è stato firmato l'accordo a Palermo tra la Fondazione Rimed e l'University of Pittsburg medical center che sancisce la nascita di un nuovo centro per le biotecnologie e la ricerca biomedica. La struttura scientifica si occuperà di studiare e ricercare test per la diagnosi di malattie e lo sviluppo di nuovi vaccini. Il Centro ospiterà fino a 600 ricercatori, personale amministrativo e di supporto. Il settore principale di studi sarà quello della biologia strutturale per lo sviluppo di farmaci, vaccini e dispositivi biomedici.

La gestione del Centro per le biotecnologie e la ricerca biomedica, sarà affidata a vari organi ed istituzioni, quali: la Fondazione Rimed di cui fanno parte governo italiano, Università di Pittsburgh, Regione Sicilia, Cnr, e l'Upmc, il Centro Medico dell'Università di Pittsburgh.

La Regione Sicilia per le spese di ricerca e sviluppo ha a disposizione finanziamenti pubblici quali il FIRB (Fondo per gli investimenti della ricerca di base) ed i fondi ottenuti attraverso il Programma operativo Regione Sicilia 2007-2013.

Il fiore all'occhiello delle biotecnologie siciliane è il Parco Scientifico e Tecnologico Siciliano di Catania

Capitolo 2

Parchi Scientifici e Tecnologici

2.1 Parchi scientifici e tecnologici nel mondo ed in Europa.

I parchi scientifici e tecnologici (PST) hanno un ruolo fondamentale nel mondo del biotecnologico poichè riescono ad unire ricerca e produzione, dando la possibilità alle *start-up* e *spin-off* accademici di condividere personale specializzato, infrastrutture scientifiche e tecnologie di eccellenza.

I primi PST sono nati all'inizio degli anni Cinquanta negli Stati Uniti, dove si regista il maggior numero di parchi, più di 150, i quali sono per lo più di matrice universitaria. Essi hanno potuto godere del sostegno dei governi statali, infatti, su cinquanta Stati, una ventina hanno varato leggi per la realizzazione o il finanziamento dei parchi.

Proprio in America è stata fondata la Silicon Valley [25], che si estende per circa 25 miglia in lunghezza e 10 miglia in larghezza.

---

[25] Realizzata nel 1950, costituisce insieme al Sophia Antipolis (Francia 1960s) ed

Essa è la terra del silicio, dei semiconduttori, dei satelliti, delle più grandi imprese statunitensi dell'alta tecnologia, che crea occupazione per circa un milione e trecento persone. L'idea, che è stata concepita con successo, è quella di raggruppare imprese, cervelli, laboratori che agiscono ed interagiscono su un territorio definito, scambiandosi le informazioni e quindi moltiplicando i risultati da raggiungere. La Silicon Valley è la pioniera dello sviluppo dei parchi scientifici nel mondo.

Tuttavia lo sviluppo del concetto di parco è legato ad alcune esperienze fondamentali realizzate tra gli anni Cinquanta e Settanta, quali lo Stanford Research Park, al centro della Silicon Valley, e il Research Triangle Park della California del nord, in merito allo snellimento delle strutture normative.

Lo Stanford Research Park fu fondato nel 1951, vicino all'Università di Stanford nella città di Palo Alto, per volontà di Frederick Terman, professore di ingegneria elettronica, con l'obiettivo di ospitare le imprese innovative sorte da *spin-off* universitari. Il parco oggi si estende su 700 acri, comprende 162 edifici, 23.000 dipendenti ed ospita 150 aziende; tali realtà sono specializzate, in particolare, nei campi dell'elettronica, dello spazio, delle biotecnologie, dell'hardware e del software. Il 54% di esse si occupa di ricerca e tecnologia, mentre il restante 46% offre servizi di supporto alle prime (banche, società finanziarie, imprese legali).

---

al Tsukuba Science City (Giappone 1970s) il trio più vecchio e più importante dei parchi scientifici del mondo.

Il Research Triangle Park, fu realizzato intorno agli anni Cinquanta con l'idea di dar vita ad un parco al centro del triangolo che ha come vertici le tre università della Carolina del Nord (la Duke University di Durham, l'Università Statale di Raleigh e l'Università del Nord Caroline di Chapel Hill) e con l'obiettivo di diversificare la base economica del territorio, aumentando le opportunità di occupazione per i laureati locali. Esso ha iniziato ad attirare imprese ed a svilupparsi solo dopo l'insediamento al suo interno dell'Ibm e del National Institute of Environmental Health Science, ciò a dimostrazione del fatto che un parco può avere successo anche se localizzato in un territorio non dotato di un forte *background* tecnologico, ma l'importante è che venga ospitata un'impresa di grandi dimensioni che svolga la funzione di *leader*.

Il grande successo della Silicon Valley ha fatto si che quasi tutti i Parchi Scientifici e Tecnologici nel mondo abbiano copiato tale modello, anche se con connotati diversi a seconda della contigenza.

Oggi esistono più di 900 parchi scientifici e tecnologici operativi nel mondo, ma la maggior crescita negli ultimi anni interessa, grazie all'apporto di ingenti capitali destinati alla ricerca, soprattutto i Paesi avanzati dell'Oriente (Singapore, Malesia, Corea del sud, Taiwan, Brasile, Tailandia, Cina e Turchia).

In Europa i parchi scientifici sono molto numerosi. In Francia è stato progettato nel 1960 da Pierre Lafitte, direttore dell'Ecole des Mines di Parigi, il Sophia Antipolis, uno dei più importanti ed antichi parchi del mondo, con l'obiettivo di creare una città internazionale delle scienze, delle arti e della tecnologia. Il Parco è stato realizzato nel 1980, grazie all'appoggio delle amministrazioni locali e del governo centrale, in un luogo non soltanto di considerevole bellezza, la Costa Azzurra, ma soprattutto dove le attività di ricerca e di alta formazione erano concentrate. Oggi si estende su 2.300 ettari vicino a Nizza, ospita circa 1.200 imprese ed operano 21.000 addetti.

Un altro importante esempio europeo è rappresentato dal Parco Scientifico di Cambridge, fondato nel 1970 dal Trinity College. E' il parco scientifico più antico e prestigioso del Regno Unito, ospita più di 100 aziende con 35.000 dipendenti, su 1.650.000 metri quadrati di edifici. Il settore delle scienze della vita è il più importante all'interno del parco, dove è stato aperto anche un nuovo fondo[26] di *venture capital* specializzato nelle biotecnologie (Merilin Ventures). Tale parco è noto soprattutto in quanto è riuscito ad incrementare la crescita delle industrie *high-tech* nella zona, stimato in circa 1.200 imprese con un'occupazione di 35.000 dipendenti. Tali dati confermano il ruolo chiave dei Parchi Scientifici e Tecnologici nell'incentivare la competitività territoriale e stimolare la crescita economica.

In generale, in Europa Occidentale, verso gli anni Ottanta sono stati fondati la maggior parte dei parchi, con caratteristiche e dimensioni differenti, con lo scopo di rivitalizzare aree di vecchia

---

[26] Il fondo è destinato allo sviluppo delle scienze della vita.

industrializzazione o per sviluppare zone di nuova industrializzazione. Un caso di particolare interesse è quello della Finlandia, dove i parchi, hanno avuto un grande sviluppo negli ultimi anni. I parchi finlandesi sono considerati soggetti promotori delle politiche nazionali e locali per l'innovazione, infatti hanno avuto un ruolo importante nel favorire la nascita di *cluster* tecnologici dinamici. Uno dei parchi inseriti nel più importante *cluster* tecnologico[27] dei paesi nordici è il Parco Scientifico Otaniemi situato vicino Helsinki.

2.2 I Parchi Scientifici e Tecnologici in Italia

Secondo la definizione IASP (International Association of Science Parks), i Parchi Scientifici e Tecnologici sono strutture che devono avere collegate formalmente e operativamente una o più Università, centri di ricerca o altre istituzioni di alto livello formativo, orientate alla formazione, alla crescita di imprese ad alto contenuto tecnologico e, in genere, a tutte le imprese collocate nel territorio di riferimento. Esse devono avere una funzione manageriale per gestire il trasferimento tecnologico e l'operatività a livello imprenditoriale.

L'Associazione dei Parchi Scientifici e Tecnologici Italiani (APSTI) definisce i PST "come integratori tra bisogni di crescita innovativa del sistema delle imprese, ed il patrimonio di

---

[27] Denominata Wireless Valley.

conoscenza dei poli di eccellenza tecnologica e scientifica, delle Università ed i centri di ricerca[28]".

Il ruolo dei PST va visto come snodo tra il mercato e la produzione di conoscenza, come strumento in grado di facilitare, abbreviare e rendere meno costoso il percorso tra bisogno di sostegno all'innovazione e soluzioni possibili, in funzione di un effetto incremento del dialogo e una fertilizzazione incrociata tra ricerca scientifica e produzione di beni e servizi.[29]

Le caratteristiche, le funzioni ed il ruolo dei Parchi Scientifici e Tecnologici hanno seguito le linee evolutive ed i cambiamenti del contesto economico, sociale e tecnologico globale. Pertanto, nel corso degli anni, è avvenuta un'estensione delle finalità dei parchi che, oltre ai servizi di trasferimento tecnologico e sviluppo innovativo, hanno implementato servizi manageriali, finanziari e commerciali, soprattutto a supporto delle imprese di piccole dimensione. I parchi, da promotori di sviluppo tecnologico sono diventati strumenti per incentivare una crescita economica locale.

I PST nel mondo hanno tutti storie, modelli organizzativi di governance, gestionali, finanziari e operativi diversi, nati da presenze istituzionali differenti, ma accomunati dalla capacità di

---

[28] Un'altra definizione importante è quella dell'Ocse, i PST sono "concentrazioni territoriali comprendenti aree contigue in cui si svolgono attività correlate alla tecnologia, come: ricerca, sviluppo, produzione, prototipale ed altri servizi di supporto diretto".
[29] www.apsti.it

valorizzare le differenti specializzazioni mettendole a disposizione della comunità in una specifica tipologia di funzione.

I Parchi Scientifici e Tecnologici sono nati negli Stati Uniti qualificandosi come *driver* di progresso scientifico per finalità applicative ed industriali, e ugualmente, come agenti moltiplicatori dello sviluppo innovativo ed industriale per mezzo dell'applicazione della *Knowledge based.* In Europa essi nascono negli anni '80, mentre in Italia il fenomeno dei Parchi si sviluppa negli anni '90 in ritardo rispetto al resto dell'Europa e dei paesi OCSE, su iniziativa del MIUR e, in alcune regioni, grazie ai finanziamenti della Comunità Europea. L'obiettivo era di promuovere e di coordinare le attività di ricerca e di integrarle all'ambiente industriale.

Infatti, le principali missioni alle quali il Parco è chiamato sono: *Promuovere i processi di generazione di nuove imprese science-based* (realizzando incubatori[30] di *start-up*[31]); *attirare le unità di ricerca e di progettazione di imprese hi-tech*[32] (centri di ricerca e manodopera qualificata interna ed esterna al territorio); *generare conoscenza* (attraverso i centri di ricerca ed i propri laboratori); *spronare il trasferimento di conoscenza e di*

---

[30] L'incubatore ha lo scopo di accelerare lo sviluppo di imprese attraverso una serie di risorse di sostegno alle stesse e servizi (assistenza per i fondamentali problemi gestionali e finanziari, oppure messa a disposizione delle attrezzature necessarie per la ricerca). Gli incubatori hanno una propria autonomia rispetto al Parco, con il quale hanno un rapporto di subordinazione.

[31] La start-up è un'impresa, di solito, appena costituita che ha bisogno di acquisizioni di risorse tecniche, di metodi di produzione, di ricerca di personale e di studi di mercato.

[32] Imprese ad alto contenuto di conoscenze e di tecnologia.

tecnologia (tramite tra università, centri di ricerca, imprese interne ed esterne, grandi e piccole e community finanziaria. Stimolare gli operatori economici locali ad intraprendere attività innovative).

Negli ultimi anni, in Italia, si è assistito alla crescita e consolidamento di un numero importante di Parchi dedicati prevalentemente alla Scienza della Vita, dove vi è la presenza di almeno un'impresa *biotech*. Nel caso in cui il numero delle imprese è superiore a dieci possiamo definirli "bio-parchi". Le imprese biotech attualmente incubate in un parco sono circa un terzo del totale (118 su 328), mentre sono ben 15 le strutture che ospitano più di due imprese *biotech*.[33] Inoltre i primi sei parchi ospitano più dei due terzi del totale delle imprese biotech (78 su 112), dando prova di concentrazione di attività nel paese; infatti il 21% è ospitato da Sardegna Ricerche, il 20% da Bioindustry Park del Canavese, il 18% da Vega Park, il 9% da Area Science Park, il 9% da Toscana Life Science ed infine l'8% dal Parco Tecnologico Padano (fig.13).

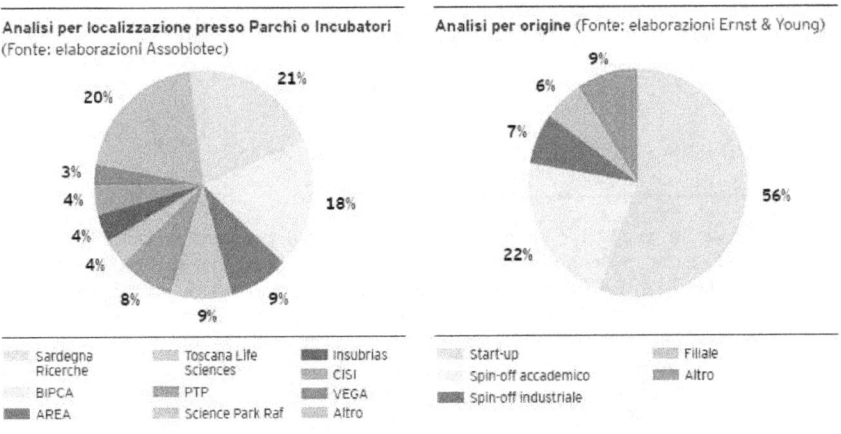

Figura 13   Figura 14

Guardando alle tipologie di imprese, si evidenzia che l'incubazione in un parco rappresenta la soluzione migliore per quelle nelle prime fasi di avviamento (*start-up* 56%, *spin-off* accademico 22%, *spin-off* industriale[34] 7%), (fig. 14).

L'Associazione dei Parchi Scientifici e Tecnologici italiani (APSTI) è il *network* nazionale al quale aderiscono la quasi totalità dei PST italiani, nato per sostenere lo sviluppo economico attraverso l'innovazione. APSTI è sorta per valorizzare i Parchi Scientifici e Tecnologici italiani come integratore tra i bisogni di crescita innovativa del sistema delle imprese ed il patrimonio di conoscenza espresso dai Poli di eccellenza Tecnologica e scientifica, dalle Università e dai Centri di ricerca.

L'APSTI raggruppa in sè più di trenta parchi[35] associati su tutto il territorio nazionale, 600 aziende *hi-tech* insediate, di cui 150 incubate, 16 incubatori a supporto della nascita e sviluppo di nuove imprese, 170 centri di ricerca pubblici e privati, 2500 aziende

---

[34] Spin-off industriale termine utilizzato nella letteratura aziendale per identificare le attività imprenditoriali scaturite da un'azienda madre. Si tratta, in sostanza, di un fenomeno di gemmazione di un'impresa da una pre-esistente, fenomeno tra l'altro molto diffuso nei paesi anglosassoni, dove sono sempre più frequenti i casi di nuove imprese nate grazie al *know-how* acquisito dai promotori in precedenti esperienze aziendali. A. Ricciardi. Le reti di impresa. Vantaggi competitivi e pianificazione strategica. FrancoAngeli, Milano, 2003.
[35] Tredici sono focalizzati sul settore *biotech*.

che usufruiscono dei servizi dei PST e 16.000 occupati ad elevata specializzazione tecnologica.

A sostegno del settore biotech italiano, inoltre nel 1986 è stata costituita l'Associazione nazionale per lo sviluppo delle biotecnologie, Assobiotec, che rappresenta le imprese ed i Parchi Scientifici e Tecnologici che operano in Italia nei diversi settori delle scienze della vita.

"La missione di Assobiotec è quella di sostenere e promuovere lo sviluppo delle biotecnologie in tutte le aree di applicazione, che spaziano dalla salute al benessere, dalla medicina veterinaria alla zootecnia, dall'agricoltura all'alimentazione, dall'ambiente ai processi industriali, dai biomateriali alle bioenergie, dall'edilizia al restauro.

Per promuovere lo sviluppo delle biotecnologie, Assobiotec ha una intensa attività di relazioni con le istituzioni, nazionali e regionali, e con gli organismi europei. L'Associazione interagisce e collabora inoltre con le organizzazioni imprenditoriali, gli istituti scientifici, le associazioni dei pazienti e dei consumatori. Tra le aree di intervento dell'Associazione, hanno una rilevanza particolare quelle relative alla: promozione di programmi di ricerca di interesse strategico per il comparto; definizione delle misure finanziarie e fiscali idonee a favorire l'innovazione; regolamentazione delle attività biotecnologiche (ricerca e sviluppo, produzione, commercializzazione e utilizzo dei prodotti) tutela dei prodotti frutto dell'innovazione biotecnologica a 360°[36]".

Nell'attività dell'associazione spicca il protocollo d'intesa siglato con l'APSTI attraverso il quale le due associazioni si impegnano a collaborare nel settore *biotech* in relazione alle rispettive sfere istituzionali ed ambiti operativi ed a concentrare i propri sforzi e le proprie risorse al fine di favorire la creazione d'impresa, attrarre investimenti dall'estero a sostegno dell'imprenditorialità e dell'innovazione in Italia ed infine a sostenere in tutte le sedi istituzionali la necessità di finanziamenti ad hoc per le PMI di ricerca.

A seguito dell'accordo si è costituita una Commissione Tecnica Unitaria (CTU) come strumento operativo tra i Parchi e gli incubatori operanti nel settore *biotech*, composta da *AREA Science Park, Bioindustry Park del Canavese, Città della Scienza Spa, Friuli Innovazione, Parco Scientifico Romano, Parco Scientifico e Tecnologico della Sicilia, Parco Tecnologico Padano, Pontedera & Tecnologia - Pont-Tech, Sardegna Ricerche, Technapoli, Toscana Life Sciences e Vega Park.*

Nel nostro lavoro approfondiremo, in particolare, l'attività dei quattro parchi biotech italiani più importanti: *AREA Science Park, Bioindustry Park del Canavese, Parco Tecnologico Padano e Toscana Life Sciences.*

---

[36] www.assobiotec.federchimica.it

Area Science Park

L'Area Science Park è il principale Parco Scientifico e Tecnologico multisettoriale d'Italia ed è uno dei più importanti Parchi a livello internazionale. È nato alla fine degli anni '70 a seguito del decreto che nel 1978 istituì il Consorzio per l'Area di Ricerca scientifica e tecnologica di Trieste.

L'Area Science Park è nato con una duplice missione: quella di creare un'area scientifica di richiamo internazionale e quella di rivitalizzare un'economia locale in declino, attraverso l'attrazione e la nascita di imprese caratterizzate da forte impegno nella ricerca. Si compone di due campus vicini tra loro Padriciano e Basovizza situati nella cornice naturale del Carso. Il sistema Area si articola in due realtà: da un lato il Consorzio per l'Area di Ricerca Scientifica e Tecnologica di Trieste, che gestisce e promuove il Parco, riconosciuto nel 2005 dal Miur come Ente Pubblico Nazionale di Ricerca; dall'altro il Parco Scientifico e Tecnologico multisettoriale a livello internazionale.

Il Parco, esteso per circa 80.000 mq, dispone di laboratori attrezzati e strumentazioni specializzate, di attrezzature sperimentali e di sicurezza, di uffici e strutture di servizio; ospita 88 realtà attive, delle quali 66 sono imprese ad alto tasso di innovazione e 22 sono centri di ricerca; occupa oltre 2.400 addetti tra ricercatori, tecnici, manager, imprenditori e manutentori.

Il parco opera in diversi settori per la competitività del territorio e lo sviluppo di nuove conoscenze: scienza della vita, fisica, materiali e nanotecnologie, informatica, elettronica, telecomunicazioni, energia ed ambiente.

Le biotecnologie giocano un ruolo prominente e sono applicate alla biomedicina molecolare, alla produzione per assistenza sanitaria ed infine all'agricoltura e al cibo. In altre parole possiamo dire che il Parco è specializzato nelle biotecnologie *red* e *green*.

Le principali imprese all'interno del parco che si occupano del settore della scienza della vita sono: Actimex s.r.l., Adienne s.r.l., Alphagenics Diaco Biotechnologies s.r.l., BioTekna Labs di Trieste, Bracco Imaging s.p.s CRB Ts, CBM (Consorzio per il centro di biomedica molecolare) s.c.ar.l, CNR unità di Trieste, Demus lab s.r.l., Dr Schaer s.r.l. Schar R&S Centre, Euroclone s.p.a., Fif (fondazione italiana fegato onlus), G&Life s.r.l., GeneticlLab s.r.l., Health Robotic s.r.l., IBS (International biomedical systems) s.p.a., ICGEB (International centre for genetic engineering and biotechnology), illycaffè s.p.a. aromalab, Ital Tbs group s.p.a., LNCIB (laboratorio nazionale del consorzio interuniversitario per le biotecnologie), Rottapharm Biotech s.r.l., Sigea s.r.l., Sissa (laboratorio di neurobiologia molecolare), Tecna s.r.l.

Bioindustry Park Canavese

Il Bioindustry Park Canavese è un parco scientifico ad orientamento bioindustriale e biotecnologico che sorge nelle vicinanze di Ivrea. in provincia di Torino. ed è operativo dal 1998.

Il parco è stato creato per promuovere e sviluppare la ricerca biotecnologica in Piemonte, per diversificare il tessuto industriale, per attrarre i centri di ricerca di imprese esistenti e per supportare la nascita di *start-up*. Si è cercato, da un lato di sfruttare le competenze già esistenti nel territorio Canavese (dove erano presenti soprattutto imprese operanti nel settore meccanico, elettronico, informatico e dei servizi), e dall'altro di diversificare le attività del territorio, puntando sulle biotecnologie.

Il progetto di realizzazione di Bioindustry Park, ritenuto dalla Regione Piemonte tra le priorità d'intervento della politica industriale regionale, è stato ammesso ai contributi del Fondo Europeo di Sviluppo Regionale, in regime di cofinanziamento Stato Regione, che hanno consentito la realizzazione per un investimento complessivo di circa 52 milioni di Euro[37].

Il Parco, che si estende per 16.000 mq di superfici adibiti a laboratori ed uffici suddivisi in sei fabbricati, presenta un fabbricato di 1.100 mq che ospita il laboratorio di metodologie avanzate (LIMA dell'università di Torino) e un altro di 1.000 mq che è riservato come incubatore di imprese *hi-tech* in campo biotecnologico (Bioincubatore). Ad oggi, all'interno del Parco vi sono 35

---

[37] www.bioindustrypark.eu

organizzazioni operative, ma dalla sua nascita ne ha ospitate 40 ed ha supportato lo *start-up* di 17 imprese; conta 240 addetti tra ricercatori e personale di supporto, di cui 130 posti sono stati creati negli ultimi 4 anni.

Le organizzazioni insediate attualmente sono: Aaa (Advance accelerato applications), Aethia power computing solutions, Apavadis, Bioman, Bionucleon, Biopaint, Bracco Imaging, Chemsafe, Creabilis Therapeutics, Dirivet, Ephoran, Eporgen Venture, Fertirev, Genovax, Glyconova, Medestea research & production, Narvalus, Natimab, Notopharm, Noraybio, Novedee, Procelltech, Rotalactus, Sitec consultino, Spider Biotech, Target heart biotech, Vanadis; centri di ricerca: Bipca Lima, Ceip, Cnr, Università di torino; associazioni e fondazioni: Anbi, Circmsb, Cnsb (coordinamento nazionale degli studenti di biotecnologie), Fondazione biotecnologie, Kite (Knowledge innovation technology entertaiment), Biopmed.

Nel Parco sono ospitati i 5 Lima (laboratorio integrato di metodologie avanzate): tre sono gestiti in collaborazione con l'Università di Torino, ossia il Lima Biologia, il Lima chimica e il Lima Mri[38]; invece il Lima proteomica (specializzato nelle tecniche di analisi di proteine) è diretto in collaborazione con l'Università di Torino ed il Cnr; ed infine il Lima bioinformatica è gestito in collaborazione con l'Università degli studi di Torino ed il

---

[38] Opera nell'area dell'imaging molecolare, ovvero il processo attraverso il quale è possibile osservare un'area di un organismo non visibile dall'esterno.

dipartimento di fisica del politecnico di Torino. Le principali attività svolte all'interno dei suddetti laboratori sono: la formazione, la ricerca universitaria e la ricerca su commessa[39].

La *mission* del Parco consiste nel collegare la ricerca universitaria al mondo delle imprese[40]; favorire le *start-up*, gli *spin-off* e la crescita di imprese innovative; sostenere le attività di R&S e di trasferimento di tecnologie, fornendo anche servizi scientifici e *know-how*; realizzare attività di ricerca nei campi legati alle Scienze della Vita anche in collaborazione con Università, centri di ricerca pubblici e privati ed imprese; rendere disponibili spazi attrezzati unitamente a servizi logistici e tecnico-scientifici competitivi e vantaggiosi.

Dal 2009 il Parco è il soggetto gestore di BioPmed[41], il nuovo *cluster* di innovazione dei settori biotecnologico e biomedicale, costituito con l'intervento della Regione Piemonte. Il polo riunisce 60 soggetti, che hanno siglato uno specifico accordo per la sua creazione, ed opera per stimolare attività innovative e progetti di ricerca, promuovendo un'intensa interazione tra le organizzazioni

---

[39] Quest'ultima è l'unica che consente di realizzare reddito mentre le altre due sono solo un costo ma necessarie per un Parco.
[40] Per far ciò il Parco incentiva i progetti di Ricerca e sviluppo comuni, converte i risultati in brevetti ed innovazioni, favorisce i processi di trasferimento tecnologico, supporta la nascita di nuove imprese tramite la realizzazione di infrastrutture e servizi e divulga tutte le informazioni di conoscenza necessarie per un'analisi delle potenze e delle tecnologie.
[41] BioPmed è stato selezionato per l'iniziativa "Italia degli innovatori" all'Expo 2010 di Shanghai.

del *cluster*, condividendo strutture e scambiando conoscenze ed esperienze.

Parco tecnologico Padano

Il Parco tecnologico Padano è stato costituito per dare vita ad un centro di ricerca di livello internazionale sulle agrobiotecnologie ed accogliere *cluster* di imprese specializzate nel campo delle biotecnologie agroalimentari. Il Parco si sviluppa attorno a tre elementi chiave, ossia il polo della ricerca, che raccoglie al suo interno Università e altri centri di ricerca pubblici e privati, un centro per l'innovazione, con incubazione di impresa, ed un *Business Park*, che consente di creare opportunità di sviluppo e occupazione locale. Nel polo della ricerca sono insediati l'ospedale veterinario di grandi e piccoli animali, la sala di settoria patologica, il centro zootecnico didattico-sperimentale, tre dipartimenti (produzione vegetale, scienze molecolari agroalimentari, scienze e tecnologie alimentari microbiologiche) e tre istituti (entomologia agraria, zootecnica generale) della facoltà di agraria a vocazione biotecnologica. Inoltre, è dotato di un centro ricerca e studi agroalimentari (CeRSA[42]). Al suo interno operano 5 sezioni di ricerca (idralab, biologia integrativa, genomica funzionale, genomica vegetale e genomica del riso), affiancate da 4 piattaforme tecnologiche (genomica, proteomica, chimica, bioinformatica), con la missione di favorire il miglioramento

---

[42] L'attività del CeRSA si articola nella ricerca, sviluppo e applicazione.

genetico animale e vegetale. Il centro di innovazione è nato per aiutare gli aspiranti imprenditori nella trasformazione dei risultati della ricerca in imprese, mettendo a disposizione un percorso guidato che và da una prima fase di   pre-incubazione (ossia si inizia con la valutazione dell'idea, del capitale umano, del mercato, della fattibilità economica e si conclude con la stesura del *business plan* e la costruzione dell'impresa) alla fase di incubazione[43] vera e propria, che fornisce alle imprese *start-up* numerosi servizi: allestimento laboratorio, servizio di *reception*, manutenzione spazi esterni ed interni, utilizzo di strumentazione scientifica comune, assistenza nell'individuazione di fonti di finanziamento per R&S, assistenza di *project management*, consulenza brevettuale, accesso a consulenti nazionali ed internazionali ed esperti tecnici, *know-how* scientifico ed imprenditoriale, contatti con media e istituzioni, assistenza nella pianificazione e *management* di programmi di ricerca nazionali ed internazionali e nell'individuazione di cooperazione tecnica ed economica, ricerca e selezione di partner internazionali e personale qualificato e molto altro.

Le imprese incubate all'interno del Parco sono: Bitct, Biotrack, Fastest, Incura, Ipadlab, Ista, Officina Erboristica, Phytoremedial, Proteotech, Plantechno e Top[44].

---

[43]Incubatore Alimenta è un incubatore specializzato nello sviluppo e nell'innovazione nel campo agroalimentare .

[44] www.technopark.org

Toscana Life Science

La fondazione Toscana Life Science (TLS) è un'organizzazione *no profit* fondata nel 2004 da un gruppo di istituzioni pubbliche e private in Toscana.

Il suo principale obiettivo è quello di incentivare e sostenere le attività di ricerca nel settore delle scienze della vita e promuovere lo sviluppo di progetti orientati ad un'applicazione industriale.

Il Parco Scientifico, che rappresenta il progetto più importante della Fondazione Toscana Life Science, sorge nella storica area di Torre Fiorentina, dove Novartis Vaccines and Diagnostics srl ha concentrato le sue attività di ricerca e sviluppo. Dal 2002 sono ospitati anche Sienabiotech e il Dipartimento di Biologia Molecolare dell'Università di Siena.

Il Parco si estende su una superficie di 2.230 mq, al suo interno sono insediate 8 imprese e tre centri di ricerca e sono occupate 70 persone.

Oltre a laboratori attrezzati ed uffici, il Parco è in grado di fornire alle aziende incubate un pacchetto completo di Servizi Generali e Consulenze in linea con le loro esigenze di gestione ordinaria e sviluppo commerciale.

Per attirare imprese che operano nel settore farmaceutico, diagnostico e biomedicale il TLS mette a disposizione strumenti finanziari pubblici e privati dedicati al *biotech*, ed in particolare allo *start-up* di impresa, ed un moderno Bioincubatore con accesso alle più avanzate strumentazioni di analitica, di bioinformatica e di proteomica.

All'interno del Bio-incubatore TLS, che comprende ad oggi 2.000 mq per un totale di 8 moduli di laboratorio (3 da 60 mq e 5 da 90 mq attrezzati) si trovano, inoltre, un laboratorio PCL3[45], uno stabulario, spazi comuni dedicati ad apparecchiature analitiche e frigoriferi, aree dedicate ad uffici, sale riunioni e spazi ricreativi.

Alcune delle aziende insediate all'interno del Parco sono: Molteni Therapeutics, Toscana Biomarkers, Externautics, SianGen Ricerca, Areta International, Diesse ricerche e BioFund.

2.3 Il Parco Scientifico e Tecnologico della Sicilia

Il Parco Scientifico e Tecnologico della Sicilia (PSTS) è una Società Consortile per Azioni, costituita nel 1991 dalla Regione Siciliana in associazione con Centri di Ricerca ed imprese operanti in differenti settori dell'economia siciliana, con la missione di

---

[45] I laboratori di sicurezza e di massima sicurezza microbiologica servono quando il prodotto manipolato rappresenta una minaccia per l'ambiente esterno al laboratorio (ad es. agenti patogeni), oltre che per l'operatore. In questi casi tutto il processo operativo viene inserito all'interno di un'area protetta e strettamente controllata per garantire le necessarie condizioni di asetticità al prodotto manipolato (camere bianche o clean room).

accrescere la competitività del territorio attraverso la ricerca, l'innovazione, il trasferimento tecnologico, la diffusione della cultura della qualità.

Nata come modello virtuale, nel 2001 si trasforma in realtà fisica diventando un modello organizzativo *network-centered*, un "soggetto ponte", un nodo di relazioni in grado di integrare, coordinare e valorizzare la rete operativa, progettuale e relazionale di diversi attori.

Esso rappresenta un elemento catalizzatore tra la domanda di prodotti e processi innovativi proveniente dalle PMI e le potenzialità del sistema regionale della ricerca, tanto a settori strategici tradizionali quali l'Agro-alimentare, l'Ambiente e i Beni Culturali quanto a settori emergenti come le Tecnologie per la Società dell'Informazione, le Biotecnologie applicate, le Bioenergie e Materiali Innovativi.

Il PSTS è un'interfaccia tra imprese e università, tra mondo imprenditoriale e mondo della ricerca, è uno strumento di eccellenza per costruire nuove conoscenze, per condividerle e per fertilizzarle interattivamente.

La compagine societaria del Parco Scientifico e Tecnologico della Sicilia è costituita dalla Regione Siciliana (88%), e 25 partner privati. Le Università di Catania, Messina, Palermo e il CNR sono i sostenitori scientifici.

Il PSTS ha sviluppato ed animato un efficiente *network* di relazioni tra PMI, centri di ricerca, Università, associazioni di categoria e agenzie locali.

L'attività si estrinseca attraverso iniziative di promozione dell'innovazione, trasferimento tecnologico ed assistenza alle imprese (individuazione dei partner tecnologici, progetti innovativi, gestione in itinere ecc.), formazione specialistica, addestramento rivolto a stagisti, nonché nel fornire servizi innovativi di analisi e *testing*, grazie ai laboratori (*Analisi genomica e rispondenza varietale - Diagnosi e biotecnologie fitosanitarie - Micropropagazione - Analisi chimiche - Microbiologia agro-alimentare - Spettrometria a raggi x - Tecnologie agro-alimentari - Biomasse, bioetanolo, biodisel - Beni culturali e ambientali e analisi sui materiali)*

Il Parco Scientifico e Tecnologico della Sicilia si configura come efficace strumento a disposizione delle PMI per favorirne la crescita ed incrementarne la visibilità e competitività nei mercati internazionali.

Nel contesto nazionale il PSTS presenta caratteristiche peculiari:

-    è unica struttura regionale siciliana con finalità specifiche di ricerca, innovazione, trasferimento tecnologico e servizi;

-    fa riferimento ad un bacino di utenza ben più ampio di altri Parchi nazionali e molto più frastagliato a seguito della distribuzione dispersa delle imprese nel territorio;

- deve rispondere ad esigenze differenti per la variegatura delle attività esercitate, connesse alla pluralità delle competenze delle PMI siciliane;

- presenta una spiccata centralità rispetto alla futura area di libero scambio;

- ha risorse umane altamente qualificate, formate attraverso percorsi interni di addestramento, dottorati di ricerca, master specialistici e progetti di ricerca;

- è membro dell'Associazione dei Parchi Scientifici e Tecnologici Italiani (APSTI) e dell'International Association of Science Parks (IASP);

- è socio di Assobiotec e di Confindustria.

Grazie ai progetti PON e POR 2000 – 2006 e ad investimenti societari, il PSTS ha maturato da anni competenze soprattutto nel settore agroalimentare, sia per quanto attiene gli aspetti cogenti della normativa e dei controlli, sia per quanto riguarda la ricerca e l'innovazione (con particolare riferimento all'impiego di tecnologie molecolari), sia infine per quanto riguarda i servizi alle imprese. E' titolare di brevetti nel settore agroalimentare e agro-ambiente.

Il PSTS siede al tavolo della commissione tecnica unitaria dei parchi scientifici italiani che si occupano di biotecnologie

(ItalianBioParks), è membro del comitato direttivo della piattaforma nazionale "Plants for the future" ed uno dei suoi ricercatori fa parte della piattaforma "Biofuels Italia".

Nella sede di Catania (ca. 3.000 mq), in ambito biotecnologico ha sviluppato e sviluppa linee di ricerca nei settori *white* e *green*.

Nel campo delle biotecnologie *white* il PSTS ha realizzato una collezione di circa 1.000 microrganismi di interesse agroindustriale, comprendente lieviti per vinificazione e panificazione, batteri lattici, batteri acetici, batteri fitopatogeni e lieviti non convenzionali.

Lo scopo è di mettere a disposizione delle industrie alimentari ceppi microbici con caratteristiche superiori, utili a migliorare la qualità dei prodotti, sempre nel rispetto della tradizione, standardizzare il processo tecnologico mantenendo la tipicità del prodotto, prolungare la *shelf-life* e arricchire il profilo sensoriale e aromatico. Caratteristiche sempre più richieste dai consumatori.

La caratterizzazione, selezione e verifica delle qualità tecnologiche di alcuni microrganismi ha portato al deposito di due brevetti:

- "lieviti per spumantizzazione", dove l'innovazione maggiore è data da un aumento di circa il 30% delle molecole aromatiche svolte, rispetto ad un ceppo commerciale di riferimento. Un accordo tecnologico è stato siglato con un'azienda multinazionale produttrice di lieviti essiccati per la fase di industrializzazione e distribuzione commerciale.

- "starter microbico per panificazione" che consente un miglioramento della capacità lievitante sino al 20%, di ridurre il tempo di lievitazione, aumentare la *shelf life* e una fine alveolatura del pane.

Sono state sviluppate diverse attività sperimentali con aziende del settore, in corso anche l'ideazione di nuovi prodotti per un'azienda molitoria.

Nel campo delle biotecnologie avanzate *white* il PSTS detiene un brevetto dal titolo "Processo di fermentazione per la produzione di poliidrossialcanoati e lo smaltimento di oli esausti mediante l'impiego di ceppi di *Pseudomonas* produttori di lipasi". Il brevetto scaturito dai risultati di un progetto ricadente all'interno del piano operativo nazionale, include due tematiche di grande rilevanza, quali lo smaltimento mediante batteri di oli esausti, sostanze che hanno un costo ambientale e sociale, e contemporaneamente la produzione di sostanze ad elevato valore aggiunto quali i poliidrossialcanoati. Questa classe di polimeri biodegradabili possiede le medesime proprietà termoplastiche del polietilene ed è quindi possibile produrre manufatti in bioplastica, quali *shoppers*, contenitori, bottiglie, e data l'assoluta biocompatibilità anche valvole cardiache, *stent* urologici e supporti per la crescita di tessuti *ex vivo*.

Inoltre, i geni deputati alla sintesi dei poliidrossialcanoati sono stati trasferiti, per la produzione eterologa, in un batterio modello (*Escherichia coli*) ed, in ambito *green biotechnology*, in una pianta filogeneticamente vicina al tabacco (*Nicotiana benthamiana*). Entrambe le specie ospiti hanno prodotto poliidrossialcanoati a concentrazioni variabili, sulla base delle condizioni sperimentali, ma attualmente al di sotto del limite utile all'immissione in commercio, da qui la necessità di ulteriori ricerche per l'industrializzazione del processo. Il biopolimero ottenuto per fermentazione omologa è stato utilizzato per sviluppare materiali compositi come teli pacciamanti per l'agricoltura ed il "sacchetto intelligente" realizzato con carta riciclata coattata con poliidrossialcanoati, da utilizzare, in quanto biodegradabile, nella raccolta differenziata per la frazione organica. Il prodotto è stato esposto all'Expo di Shanghai 2010 come esempio di inventività italiana.

Un altro prodotto "biotecnologico avanzato - *white* realizzato dal PSTSicilia è la produzione di una beta-glucosidasi di un lievito (*Debaryomyces hansenii*) nel lievito modello *Saccharomyces cerevisiae*. Questo particolare enzima non viene inibito da alte concentrazioni di zuccheri ed è attivo a pH acidi, condizioni che ne suggeriscono l'uso nell'industria alimentare per arricchire in composti aromatici vino, ma anche succhi di frutta.

L'impegno del PSTSicilia è fortemente impegnato anche in quelle che si definiscono "tecnologie convergenti", ovvero le tecnologie di biologia molecolare comprese quelle basate sul DNA ricombinante al servizio della filiera alimentare, del tessuto produttivo agricolo, della movimentazione delle merci.

I servizi avanzati, per il pubblico ed il privato, che il parco siciliano offre spaziano dall'accertamento della rispondenza varietale, identificazione con metodi biochimici e molecolari di batteri fitopatogeni, analisi quali-quantitativa per la presenza di OGM e allergeni negli alimenti. Sono stati inoltre messi a punto nuovi sistemi diagnostici e di indagine per virus vegetali, in particolare per il *Citrus Tristeza Virus* (CTV) degli agrumi, e viroidi, protocolli per analisi genomiche di funghi, batteri, piante e processi produttivi in collaborazione con aziende del territorio (cantine, panifici).

Grazie ai laboratori fornisce servizi innovativi di analisi e testing e ospita giovani laureati per formazione specialistica e addestramento.

Tra le cinque aziende insediate, tre operano nel settore biotecnologie nello sviluppo di vaccini e di prodotti immuno-terapeutici contro malattie infettive, cancro ed altre malattie croniche: FranVax s.r.l., Etna Biotech s.r.l. e Cosmo Pharmaceuticals.

FranVax s.r.l., è un centro di ricerca del gruppo AmVac Ag. Fondata nel 2007. Ha come oggetto l'attività di ricerca e sviluppo di nuovi vaccini e prodotti biotecnologici per la prevenzione e la cura nel campo delle malattie infettive ed oncologiche.

4.   FranVax vuole posizionarsi in prima linea nella ricerca per immunoprofilassi ed immunoterapia. Per raggiungere tali obbiettivi, FranVax si avvale di una forte rete di alleanze strategiche. Le attuali collaborazioni includono partners come Bayer Innovation(ICONGenetics); Max-Planck Institute for Biochemistry, Germany; Helmoltz Foundation, Braunschweig, Germany;

Tali collaborazioni permettono alla FranVax di esplorare un ampio spettro di approcci innovativi e tecnologici. Attualmente è in fase preclinica lo studio di un innovativo vaccino antiinfluenzale che sfrutta la capacità di produzione di antigeni in piante come fonte alternativa alle uova; l'uso di un adiuvante mucosale in grado di indurre una forte immunità locale e sistemica; la combinazione dei suddetti componenti in una formulazione in grado di indurre una forte e bilanciata risposta immunitaria.

5.   **Etna Biotech s.r.l.** è una azienda di biotecnologie attiva nello sviluppo di vaccini e di prodotti immuno-terapeutici contro malattie infettive, cancro ed altre malattie croniche. Fondata nel 2001, oggi Etna Biotech è un'azienda del gruppo Zydus Cadila.

6.   Etna Biotech ha la sede centrale, come pure le facilities R&D, localizzate a Catania. La società ha inoltre accesso alle facilities di R&D e produzione presso il Vaccinology Research Center (VRC) ed il Zydus Research Center di Zydus Cadila (Ahemdabad, India). L'accesso ad una *state-of-the-art facility* per la produzione di vaccini sotto regole di buona fabbricazione (cGMP), e la stretta collaborazione all'interno del gruppo Zydus Cadila che

conta oltre 9.500 impiegati, con centri di ricerca di altissimo livello, pone Etna Biotech s.r.l. all'avanguardia nel campo della ricerca e sviluppo dei vaccini.

7.   Etna Biotech, focalizza la sua ricerca su avanzati vaccini che si basano su vettori virali e formulazioni innovative. I progetti di ricerca in fase preclinica attualmente condotti presso Etna Biotech riguardano lo studio dei candidati vaccini contro HPV, Malaria, Influenza ed Epatite Cronica B.

8.   Etna Biotech coopera con strutture accademiche locali, partecipando in attività formative presso l'Università degli studi di Catania (programmi di dottorato e masters), seguendo gli studenti formati e infine accompagnando i nuovi professionisti nel mondo industriale.

Cosmo Pharmaceuticals solution & research è attiva nella produzione di prodotti farmaceutici per conto delle grandi aziende farmaceutiche italiane e straniere, a fornire servizi farmaceutici quali l'analisi e sviluppo del prodotto e nella ricerca di nuovi sistemi di somministrazione dei farmaci (*Drug Delivery Systems*). La società conta circa 120 addetti, il 50% sono coinvolti nella produzione e il 40% in ricerca e sviluppo. Cosmo è attiva esclusivamente nel settore *business-to-business*: l'azienda fornisce i propri prodotti alle aziende farmaceutiche, non loro commercializzazione, con un marchio proprio. Ha *headquarter* e stabilimento a Lainate, vicino a Milano, laboratorio

Biotech R&D a La Jolla, California ed a Catania. Forti sinergie con l'Università di California a San Diego e Università italiane.

A Catania si sviluppa l'applicazione della piattaforma biotecnologica nel campo della terapia immunitaria.

Capitolo 3

Altre forme di aggregazione per lo sviluppo delle biotecnologie in Italia

3.1 Distretti industriali, centri di competenza, laboratori pubblico-privati

I distretti industriali sono stati al centro del dibattito scientifico degli ultimi decenni. Un gran numero di ricercatori che appartengono a svariati ambiti disciplinari, quali economia industriale, sociologia, geografia economica, economia aziendale, si sono interessati al fenomeno dal momento che tale realtà ha assunto una forte rilevanza all'interno del sistema economico italiano. Alfred Marshall (1842-1924), è stato definito il creatore del moderno concetto di distretto industriale. Egli, all'interno dell'opera "Principle of economics", elabora il modello dei distretti industriali come "piccole unità produttive locali, legate ad una medesima cultura radicata nel territorio, capaci di creare un ambiente economico favorevole alla collaborazione reciproca, si caratterizzano per capacità imprenditoriale, inventività e saper fare[46]". Egli li definisce: "un'entità socioeconomica costituita da un insieme di imprese, facenti generalmente parte di uno stesso settore produttivo, localizzato in un'area circoscritta, tra le quali vi è collaborazione, ma anche concorrenza. Il distretto industriale costituisce un ispessimento localizzato delle relazioni interindustriale, che presenta un carattere di ragionevole stabilità nel tempo[47]". A. Marshall a tal proposito mette in evidenza il ruolo centrale delle economie esterne nel recare vantaggi tipici della produzione su grande scala alle piccole imprese, in conseguenza anche della loro alta concentrazione all'interno di un'area geografia prestabilita. Lo stesso crea una posizione dicotomica tra le economie esterne di distretto, che assumono un ruolo indispensabile per il successo del modello distrettuale e le economie interne alle imprese, che basano il loro successo sulle dimensioni aziendali e quindi sull'andamento della scala di produzione. Le economie di distretto, tuttavia, non si limitano soltanto alle pur rilevanti economie di specializzazione, ma includono economie di apprendimento, economie di creatività e d'innovazione: le prime sono legate alle caratteristiche del mercato del lavoro locale e derivano dalla presenza in loco di elevate capacità professionali; le

---

[46] R. Faucci. *Breve storia dell'economia politica*. G. Giappichelli Editore, Torino, 2006.
[47] G. Becattini, Distretti industriali e made in Italy, Boringhieri, Torino, 1998

seconde si traducono in capacità innovativa diffusa, grazie alla prossimità degli attori, alla condivisione di competenze settoriali e di esperienze, alla formazione tecnico-scientifica avanzata. I distretti industriali si distinguono per la considerevole concentrazione spaziale di imprese, l'elevata specializzazione produttiva e la divisione del lavoro tra le imprese locali. Tale specializzazione delle fasi produttive specifiche favorisce il processo di divisione del lavoro interaziendale e dà luogo allo sviluppo di competenze fortemente specializzate. In ogni distretto è come se si riproducesse l'attività tipica della grande impresa verticalmente integrata. Si crea in tal modo un terreno fertile che stimola la cooperazione e la competizione tra le imprese distrettuali, all'interno del quale sussistono sia relazioni di complementarità che di sostituibilità tra i beni/servizi realizzati.

Tale complementarietà risulta fondamentale in quanto è alla base della riduzione dei costi di transazione e assicura la ricomposizione della filiera a livello complessivo di distretto.

Il distretto è dotato di un elevato capitale sociale, il che può essere evidenziato tenendo presente la dimensione culturale e sociale del sistema territoriale, ossia l'esistenza di relazioni di fiducia, di rapporti personali e professionali consolidati. Tutto ciò, assicura poi la condivisione di linguaggi, consuetudini e tradizioni, un'efficiente coordinamento ed integrazione tra le attività complementari svolte dai vari operatori.

La specializzazione e la concentrazione spaziale favoriscono la formazione di personale specializzato, la diffusione di saperi e conoscenza e conferiscono alle imprese appartenenti al distretto sia un vantaggio, sia una forte barriera per i concorrenti esterni che non beneficiano delle medesime condizioni di accesso a conoscenze ed informazioni.

Infine, segnaliamo come ulteriore elemento caratterizzante dei distretti, la forte natalità di imprese, a sua volta legata all'elevata mobilità del lavoro. Sono frequenti i fenomeni di gemmazione d'impresa, attivati da soggetti che, dopo un'esperienza di lavoro come dipendenti, creano una nuova impresa.

Riassumendo possiamo dividere in quattro livelli di analisi i vantaggi di un distretto industriale:

- Orizzontale: l'imprese distrettuale è più efficace di quella non distrettuale per una stessa fase del medesimo processo produttivo.

- Verticale: l'impresa distrettuale è più efficace di quella non distrettuale limitatamente all'integrazione di fasi collegate dallo stesso processo produttivo.

- Laterale: l'impresa distrettuale è più efficace di un'impresa non distrettuale specializzata nella produzione di specie diverse di una stessa classe di prodotti.

- Diagonale: quando si considerano i rapporti tra impresa produttrice e impresa fornitrice di servizi ausiliari (manutenzione macchinari, trasporto, servizi commerciali), l'agglomerazione distrettuale di tali imprese contribuisce ad aumentare l'efficienza della collaborazione rispetto ad imprese non distrettuali.

Un ruolo importante è svolto anche dalle istituzioni pubbliche e/o private che, sia pure con modalità e ruoli differenti a seconda dei diversi contesti, fungono da organi di meta-*management* del distretto e ne influenzano le traiettorie evolutive.

L'analisi economica ha sottolineato l'importanza delle economie esterne nello spiegare i fenomeni di agglomerazione territoriale che caratterizzano i distretti industriali e, in secondo luogo, ha contribuito a far comprendere le peculiarità delle forme di divisione e specializzazione del lavoro nei distretti stessi. Rispetto a questo secondo punto, i distretti sono stati descritti come forma intermedia tra le due modalità di organizzazione delle attività economiche, mercato e gerarchia.

Nel mercato le imprese sono indipendenti tra di loro e la formazione dei prezzi ed il coordinamento tra le parti avviene attraverso la dinamica della domanda e dell'offerta. In realtà il mercato non funzionando sempre perfettamente, a causa di asimmetrie informative, incertezze e rischio di comportamenti opportunistici (azzardo morale), determina l'innalzamento dei costi di transazione (costi per la raccolta di informazioni, per il monitoraggio della controparte).

Tali imperfezioni del mercato, possono spingere al ricorso alla gerarchia, ossia all'internazionalizzazione delle attività e delle fasi che prima erano svolte da soggetti indipendenti.

Si evince quindi facilmente come i distretti siano la forma intermedia, in quanto riescono a conseguire i vantaggi della forma della gerarchia senza perdere i vantaggi del mercato.

"Il distretto industriale marshalliano è il risultato di un processo storico evolutivo che porta alla creazione di un sistema locale specifico, dotato di un'identità oggettiva, di una forte densità di imprese, di un'elevata competitività e di una serie di istituzioni create *ad hoc* che forniscono servizi collettivi e che sostengono lo sviluppo delle imprese locali[48]".

Oggi, in Italia, si assiste all'evoluzione dei distretti rispetto al modello marshalliano verso nuovi ambiti produttivi, in particolare stanno assumendo sempre più importanza i distretti tecnologici. Seguendo i governi europei, anche quello italiano ha

---

[48] M. Sorrentino, *Le imprese biotech italiane. strategie e performance.* il Mulino, 2009.

previsto nei piani di sviluppo la realizzazione di numerosi distretti tecnologici.

Tali distretti si configurano come "aree geografiche tipicamente sub-regionali caratterizzate dalla presenza di Università che hanno sviluppato una ricerca di eccellenza in determinati ambiti scientifici, grandi imprese che hanno localizzato sul territorio attività *knowledge-based* e/o da un tessuto di piccole e medie imprese capaci di applicare e sviluppare innovazione tecnologica[49]".

Oltre che ai fattori sopra menzionati, la vitalità di un distretto tecnologico è strettamente legata ad altri elementi, quali la disponibilità di risorse umane qualificate, l'elevato tasso di natalità di imprese *spin-off* della ricerca pubblica, nonché la presenza di operatori specializzati nella finanza a sostegno di iniziative ad alto contenuto tecnologico.

I distretti tecnologici nascono grazie all'interazione tra centri di ricerca, università e industrie specificamente destinate alle tecnologie più innovative. Il compito di sviluppare tale integrazione è affidata al governo locale, al tessuto imprenditoriale ed al mondo della ricerca.

Gli obiettivi che si prefiggono di raggiungere in linea generale sono quelli di creare dei poli di eccellenza tecnologici,

---

[49] Mele R., Parente R., Petrone M., La governance pubblica dei distretti tecnologici, Sinergie . 2008

promuovere attività di ricerca di interesse industriale, favorire il trasferimento tecnologico ed infine promuovere la nascita di imprese *high-tech*,

anche tramite lo *spin-off* dai centri di ricerca, e lo sviluppo di quelle già operanti sul mercato.

In Italia si è introdotto il concetto di distretto industriale nel 2002, all'interno del Piano Nazionale della Ricerca (PNR) del 2002-2004. L'iniziativa per la costituzione di un distretto tecnologico spetta alle Regioni, le quali devono presentare un progetto al Ministero dell'Università e della Ricerca (Miur) che provvede, quando opportuno, al riconoscimento ufficiale della nuova realtà territoriale. Finora 29 distretti tecnologici (fig.15) sono stati formalmente approvati e finanziati dal Miur, con una dotazione di 370 milioni di euro, altri 5 sono in via di costituzione.

Mappa dei Distretti Tecnologici co-finanziati dal Miur in Italia

Figura 15 fonte: Mappa delle competenze delle imprese in ricerca ed innovazione, CONFINDUSTRIA (2009)

1. Torino - Tecnolgie Wireless

2. Milano - Biotecnologie

3. Milano - Tecnologie per l'informazione e la comunicazione

4. Milano - Materiali avanzati

5. Padova - Nanotecnologie

6. Trieste - Biomedicina molecolare

7. Genova - Sistemi intelligenti integrati

8. Bologna - Meccanica avanzata "Hi-mech"

9. Firenze - ICT & Security

10. Perugia - Ricerca su materiali speciali e meccanica avanzata

11. Roma - Aerospaziale

12. Roma - Beni culturali

13. Roma - Bioscienze

14. Pescara - Innovazione sicurezza e qualità degli alimenti

15. Campobasso - Innovazione agroindustriale

16. Napoli - Ingegneria dei materiali polimerici, compositi e
strutture

17. Bari - Biotecnologie

18. Bari - Meccatronica

19. Bari - Hi-Tech

20. Potenza - Tecnologie innovative per la tutela dei rischi
idrogeologici

21. Catanzaro - Beni culturali

22. Reggio Calabria - Logistica e trasformazione

23. Messina - Trasporti navali, commerciali e da diporto

24. Catania -"Etna Valley" Micro e nano-sistemi.

25. Palermo - Agro-bio e pesca eco-compatibile

26. Cagliari - Biomedicina e tecnologie per la salute

27. Trento - HABITECH, Distretto tecnologico trentino

28. Trieste - DITENAVE, Distretto tecnologico navale e nautico

29. Brindisi - DITNE, Distretto tecnologico nazionale sull'energia

Fonte: Rete Italiana per la Diffusione dell'Innovazione e il
Trasferimento Tecnologico alle Imprese[50].

---

[50] www.riditt.it

Tra questi, alcuni si sono distinti negli anni per livelli di eccellenza:

Etna Valley in Sicilia, Torino tecnologie wireless, Veneto Padova nanotech, Hi-mech in Emilia Romagna, aerospazio e difesa nel Lazio, materiali polimerici in Campania, Biotecnologie in Lombardia, ICT a Firenze.

Ugualmente nel settore delle biotecnologie si sono costituiti distretti tecnologici *biotech*. Essi rappresentano una realtà affermatasi di recente sia nel panorama internazionale sia in quello nazionale. In Italia ne sono presenti quattro: il Distretto tecnologico pugliese (Puglia), distretto biotecnologico della biomedicina e delle tecniche per la salute (Sardegna), distretto tecnologico di biomedicina molecolare (Friuli Venezia Giulia), ed infine distretto tecnologico per le biotecnologie (Lombardia) (fig.16).

Mappa dei Distretti Tecnologici co-finanziati dal Miur in Italia

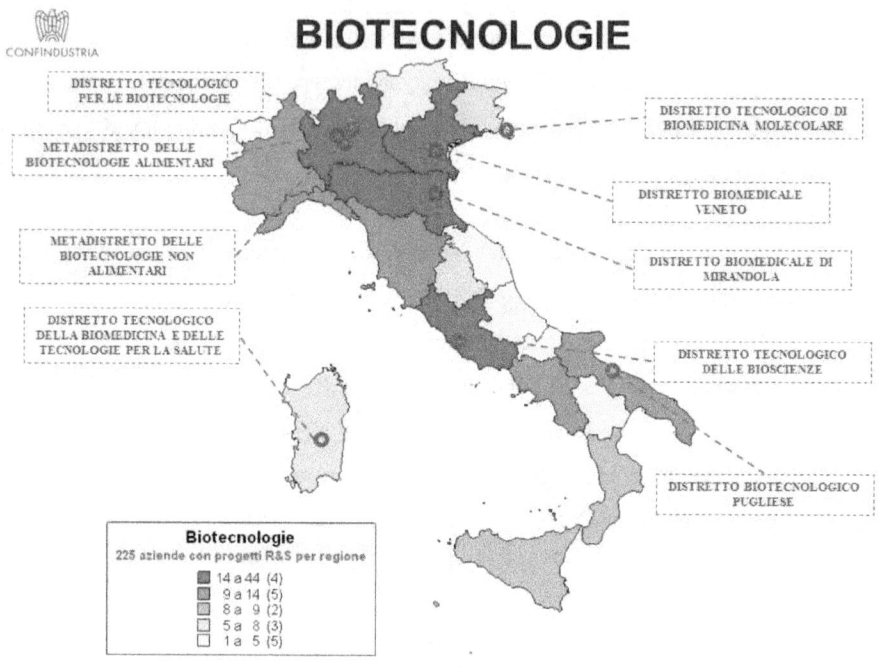

Figura 16 fonte: Mappa delle competenze delle imprese in ricerca ed innovazione, CONFINDUSTRIA (2009)

•   Il Distretto biotecnologico (Puglia)

•   La Regione Puglia svolge un ruolo di traino a livello nazionale nel settore delle Biotecnologie, relativamente al bacino di competenze esistente, al lavoro finora svolto, e alla rilevanza nazionale e strategica della realtà pugliese in questo settore. Tali basi rendono indispensabili gli interventi mirati ad accelerare lo sviluppo del distretto biotecnologico pugliese. Infatti la Regione ha destinato 16 milioni di Euro per tale progetto.

• L'obiettivo è quello di investire nel settore biotecnologico conferendo ad esso valore aggiunto sia in termini di conoscenze tecnico-scientifiche, sia incoraggiando la crescita competitiva attraverso sinergie ed un efficiente coordinamento.

• Le principali applicazioni pratiche riguardano la biologia molecolare e l'ingegneria genetica[51], per le quali sono state identificate una serie di azioni specifiche per ogni settore:

• a) Sanità: sviluppo di materiali biocompatibili, vaccini, nuovi farmaci, produzione di anticorpi, farmaci e molecole di alto valore in organismi vegetali; tecnologie per la strumentazione biomedica[52].

• b) Agroalimentare: qualità nella filiera agroalimentare, tecniche produttive ecocompatibili ed a ridotto fabbisogno idrico, sviluppo di analisi/kit per l'individuazione di OGM, promotori genici per una espressione tessuto/fase.

---

[51] Diagnosi e terapia per la salute umana, sviluppo di prodotti controllati e di qualità, tecnologie per il biodisinquinamento.
[52] Iniziative pregevoli sono quelle dell'Università di Bari e Biotecgen s.r.l. per la diagnostica nefrologica avanzata; Università di Bari e Consorzio Apulia Biotech per la diagnostica avanzata di patologie renali; Università di Lecce e Pignatelli per le coagulopatie.

• I risultati attesi che il Distretto si propone di raggiungere sono:

- Miglioramento delle capacità di innovazione e di adattamento dinamico ai mutamenti tecnologici ed economici dei settori dell'ambiente, della sanità e dell'agro-alimentare, tutti connessi ai temi della qualità della vita;

- Promozione della competitività del sistema sociale e produttivo regionale, riducendo conseguentemente le differenze economico-imprenditoriali con il resto della nazione;

- Creazione di nuovi posti di lavoro.

• Distretto tecnologico della biomedicina e delle tecniche per la salute (Sardegna)

• Il distretto tecnologico delle biomedicina e delle tecniche per la salute è localizzato nella parte meridionale della Sardegna, Cagliari e Pula, e nasce su proposta della Regione. Tale progetto è siglato dal Ministero della Ricerca nell'ambito dell'Accordo di programma quadro "Ricerca e innovazione tecnologica". Esso ha comportato un investimento pubblico e privato di oltre 40 milioni di euro.

- Il distretto sardo è riconosciuto quale "Polo di eccellenza delle tecnologie bioinformatiche applicate alla medicina personalizzata" dal Ministero dell'Innovazione tecnologica nell'ambito del programma ICT e territori di eccellenza.

- Le politiche distrettuali sono: la definizione di una forte identità scientifica del distretto (le condizioni di isolamento della popolazione sarda comporta l'elevata frequenza di alcune patologie complesse, spesso autoimmuni, ciò comporta la specificità sui temi della ricerca medica); l'investimento prioritario su processi di conoscenze chiave (creazione di piattaforme e nascita di nuove imprese *start-up* e *spin-off*) e la promozione e l'integrazione del sistema sanitario regionale nelle iniziative e negli interventi del distretto.

- Gli obiettivi, invece riguardano la promozione dell'innovazione nel settore delle biomedica (ideazione, sviluppo e sperimentazione di nuove procedure diagnostiche e terapeutiche); la rigenerazione e la focalizzazione del tessuto economico locale verso il *Biotech* (attraendo imprese, investimenti e finanziamenti)[53].

- I settori d'interesse riguardano la *life science*: biotecnologia, diagnostica, biomedicina, farmacia, biologia, chimica, nanotecnologie, scienze dei materiali. Ricerca e sviluppo, risorse

---

[53] L'idea è quella di realizzare una Biomedicine e Technology Valley (Sardegna BioValley).

umane, business e servizi amministrativi sono i servizi offerti dal distretto.

- Distretto tecnologico di biomedicina molecolare (Friuli Venezia Giulia)

- Nel 2004 è stato costituito il distretto attraverso un accordo di programma sottoscritto dal Ministero dell'Istruzione, dell'Università e della Ricerca e della Regione Friuli Venezia Giulia. Esso è dotato di numerose strutture scientifiche e di competenze e risorse umane di eccellenza internazionale in ambito scientifico. L'attività del distretto è focalizzata sul settore delle biotecnologie applicate alla medicina[54], ma anche diagnostica, biomedicina, biologia, chimica, nanotecnologia.

- Gli obiettivi del distretto sono: miglioramento dell'efficacia della commercializzazione della proprietà industriale; coinvolgimento di aziende leader del settore; raggiungimento degli standard di eccellenza a livello internazionale; supporto alle PMI; attrazione e formazione di giovani laureati; incremento del livello tecnologico di aziende e istituzioni; sviluppo di nuove attività di ricerca; incremento della collaborazione tra università e ricerca;

---

[54] In particolare nei campi della cardiologia, neuroscienze, oncologia, epatologia, medicina rigenerativa, genomica e bioinformatica.

potenziamento della competitività delle imprese; coinvolgimento di capitali per la creazione di nuovi posti di lavoro.

• Fanno parte del distretto 49 imprese e 18 centri di ricerca, i quali possono usufruire di tutti i servizi di ricerca e sviluppo, risorse umane e *business*.

• Distretto tecnologico per le biotecnologie (Lombardia)

• La Lombardia essendo la Regione Italiana con il maggior numero di università, centri di ricerca pubblici e privati, e con il tessuto industriale più dinamico e maggiormente proiettato sui mercati esteri, è l'esempio più avanzato di specializzazione scientifica e tecnologica[55].

Il distretto tecnologico per le biotecnologie in Lombardia è stato realizzato dal Miur, con un investimento di 8 milioni di euro, e dalla Regione Lombardia con oltre 18 milioni di euro. Esso mira a sostenere l'integrazione tra il mondo dell'impresa e quello della ricerca nel settore delle biotecnologie con l'obiettivo di accrescere sempre di più la competitività della Regione a livello internazionale. Il distretto definisce, realizza ed implementa specifiche iniziative di

---

[55] La Lombardia raggiunge valori superiori alla media nazionale per quanto riguarda il settore farmaceutico, la ricerca medica e quella nei settori alimentari e della salvaguardia ambientale (settori che hanno registrato, negli ultimi anni, una profonda trasformazione dal punto di vista tecnologico ed organizzativo).

ricerca industriale, di sviluppo precompetitivo, di alta formazione e valorizzazione dei risultati della ricerca con particolare attenzione alle tematiche delle biotecnologie alimentari, non alimentari e della salute individuati quali obiettivi prioritari e strategici per lo sviluppo del territorio lombardo.

Il distretto, quindi, svolge il ruolo di volano per lo sviluppo economico regionale attraverso la realizzazione di attività volte a favorire: il trasferimento tecnologico (messa in rete delle piccole e medie imprese lombarde, raccordo tra i vari attori della ricerca e delle varie aree di competenza, sostegno alla diffusione territoriale dell'innovazione, attivazione di una rete regionale di centri di eccellenza), l'attrazione di investimenti (promozione e valorizzazione progetti che coinvolgono gli attori del territorio, attrazione di soggetti pubblici e privati) e *partnership* tra centri di ricerca (sostenendo progetti di sviluppo congiunto e partecipazione a progetti comunitari).

I molteplici attori coinvolti sono gli IRCCS[56], i laboratori del CNR[57], i Parchi Scientifici, il sistema delle Università, istituti di ricerca privati (ad esempio l'Istituto di ricerca farmacologiche Mario Negri), il settore *no profit* (ad esempio la Fondazione Istituto Europeo di Oncologia), le aziende farmaceutiche e le imprese *biotech*.

---

[56] IRCCS costituiscono una rete di ospedali di ricerca (si distinguono dagli altri enti perché svolgono attività di ricovero e di cura).
[57] CNR viene definito Ente nazionale di ricerca con competenze scientifica generale e istituti scientifici distribuiti sul territorio.

A livello nazionale, sostengono e promuovono la ricerca, i Centri di Competenza Tecnologici e i Laboratori pubblici e privati.

Centri di Competenza Tecnologici

La Rete dei Centri di Competenza Tecnologici è nata nell'ambito dell'iniziativa lanciata dal Ministero dell'Università e della Ricerca all'interno del Programma operativo nazionale 2000-2006. I cinque Centri di Competenza Tecnologici (CCT), attivi sul territorio italiano, quali strutture dedicate alla promozione dello sviluppo scientifico-tecnologico delle imprese e dotate di una massa critica di risorse materiali ed immateriali, idonea a fare dell'innovazione uno dei motori principali dello sviluppo locale nel rispetto delle specializzazioni produttive delle regioni meridionali, sono:

- Centri Regionali per le Tecnologie
  Agroalimentari s.c.r.l. (C.E.R.T.A.) - ambito tematico
  "Agroalimentare – Agroindustriale"

- ImpresAmbiente s.c.r.l. (ImpresAmbiente) - ambito tematico
  "Analisi e prevenzione del rischio ambientale"

- Centro di Competenza ICT-SUD s.c.r.l. (ICT-SUD) - ambito
  tematico *"Tecnologie dell'Informazione e della
  Comunicazione"*

- Centro di Competenza e Trasferimento Tecnologico Biosistema s.c.r.l. (BIOSISTEMA) - ambito tematico *"Biologie Avanzate"*

- Meridionale Innovazione Trasporti s.c.r.l. (MIT) - ambito tematico *"Trasporti"*

- Il Centro di Competenza e Trasferimento Tecnologico Biosistema s.c.r.l. è dedicato alle biologie avanzate[58] ed ha "il compito principale di costituire ed attivare una rete scientifica e formativa finalizzata a rendere disponibili risorse strumentali, competenze e professionalità specialistiche idonee a favorire la crescita e lo sviluppo tecnologico delle aree del Mezzogiorno attraverso lo scambio e la condivisione di competenze tecnologiche e sistemi metodologici. Il Centro curerà la diffusione di informazioni scientifiche, l'individuazione di soluzioni tecnologiche adeguate al fabbisogno di innovazione delle imprese, la diffusione di informazioni sui programmi europei, nazionali e regionali che incentivano la ricerca e l'innovazione tecnologica, la diffusione di informazioni in materia di tutela della proprietà intellettuale.

Esso inoltre, svolgerà le funzioni di intermediario in materia di innovazione tecnologica operando per favorire e supportare il rafforzamento dei collegamenti tra sistema scientifico e sistema imprenditoriale al fine di innalzare la propensione all'innovazione del sistema produttivo. A tal proposito esso metterà a disposizione del

---

[58] Ovvero bioinformatica, red, white and green biotecnology.

tessuto produttivo importanti strumentazioni e *facilities* di ricerca, fornirà consulenze specialistiche per individuare e risolvere i problemi di innovazione delle imprese, affiancherà l'impresa nell'implementazione dell'innovazione nei suoi cicli produttivi[59]".

In altre parole potremmo dire che il CCT Biosistema raccoglie il meglio del capitale scientifico e relazionale delle aree del meridione d'Italia, al fine di erogare un'ampia offerta di servizi diretta a favorire la propensione all'innovazione del sistema produttivo.

L'attività del CCT si realizza in cinque nodi Regionali: il nodo Sardegna, il nodo Basilicata, il nodo Calabria, il nodo Puglia ed il nodo Sicilia.

Ciascun nodo si occupa di informazione tecnologica (riguardo programmi UE, nazionali e regionali, *newsletter* telematiche a tema; informazione e formazione in materia di brevetti e marchi; attività si di supporto a *spin-off* di ricerca; attività di supporto a *start-up* e *spin-off* industriali) e di trasferimento tecnologico (sono stati realizzati 7 laboratori integrati a carattere virtuale[60]: 1-Medicina molecolare diagnostica; 2-Medicina molecolare terapia; 3-*Drug-discovery* and *drug-delivery*; 4-Biomateriali, biotecnologie rigenerative, sviluppo e proto tipizzazione

[59] www.biosistema.org
[60] Indipendentemente dall'effettiva localizzazione fisica delle apparecchiature, vengono integrate e messe in rete le attrezzature di Biosistema unitamente a quelle già disponibili presso i diversi consorziati.

di materiale biomedicale, bioelettronica; 5-fermentazione, enzimologia industriale e relative applicazioni alle problematiche ambientali ed energetiche; 6- controllo della qualità e della sicurezza alimentare e biotecnologie animali e veterinarie; 7- bioinformatica e supercalcolo).

Laboratori pubblici e privati

Infine, dalle iniziative nate grazie al Fondo per gli investimenti della Ricerca di Base e dall'assegnazione delle risorse da parte del Ministero dell'Istruzione dell'Università e della Ricerca sono nati i *Laboratori pubblici e privati*. Tali laboratori si specializzano in settori[61] di valenza strategica per il nostro Paese, se ne contano ben diciannove:

- Nanobiotecnologie per dispositivi e sensori innovativi applicabili a genomica e post-genomica (quattro Laboratori nazionali pubblico-privati con localizzazioni di riferimento a Genova, Lecce, Torino, Venezia)

- Micro Nanotecnologie per diagnostica avanzata e nuove procedure terapeutiche (quattro laboratori nazionali pubblico-privati con localizzazioni di riferimento a Milano, Roma, Perugia)

---

[61] I laboratori sono specializzati su tematiche di incrocio tra nanotecnologie, biotecnologie, infotecnologie e neurobiologia.

- Bionformatica (due Laboratori con localizzazioni di riferimento a Bari e Milano)

- Biologia strutturale (due Laboratori con localizzazioni di riferimento a Firenze e Trieste)

- Recettori di membrana (tre Laboratori con localizzazioni di riferimento a Catanzaro, Chieti e Genova)

- Diagnostica genomica avanzata in campo animale e vegetale (due Laboratori con localizzazioni di riferimento a Lodi, e Roma)

- Basi molecolari delle malattie neurologiche (due Laboratori con localizzazioni di riferimento a Milano e Roma).

3.2 Piattaforme tecnologiche ed altre associazioni

Le piattaforme tecnologiche sono *partnership* pubblico-private che coinvolgono le industrie (di grandi, medie e piccola dimensione), le autorità pubbliche, la comunità di ricerca (sia pubblica che privata), la comunità finanziaria e la società civile (inclusi utilizzatori e consumatori). Su di esse convergono le esigenze dell'industria e degli altri attori economici e sociali, permettendo di definire un quadro di riferimento fondamentale per le parti interessate allo scopo di stabilire priorità, tempi, obiettivi di ricerca e sviluppo tecnologico a medio e lungo termine e piani d'azione in relazione a questioni di importanza strategica per il futuro.

Le prime piattaforme tecnologiche al livello europeo sono nate all'interno di specifiche strategie europee[62] aventi come finalità quella di fornire una base di ricerca pubblica e privata più solida ed attraente per ciò che concerne l'investimento privato. Nel 2002 viene istituita la prima piattaforma tecnologica nel settore aeronautico.

Le piattaforme tecnologiche sono organizzazioni private informali, sono costruite sul modello dei distretti industriali (coniugano l'esperienza dei distretti industriali con l'idea della promozione di ricerca industriale che questi ultimi non erano stati in grado di fornire) e possono utilizzare, per il finanziamento delle spese, i normali strumenti del Programma Quadro.[63] È importante

---

[62] Strategia di Barcellona 2002: investire nella ricerca. Per realizzare tale strategia la commissione europea ha stabilito quattro serie di azioni principali: 1- migliorare il sostegno pubblico alla ricerca ed all'innovazione tecnologica. 2-ri-orientare la spesa pubblica verso la ricerca e l'innovazione. 3-migliorare le condizioni quadro per gli investimenti privati nella ricerca. 4- garantire un processo di coordinamento europeo.
[63] Settimo programma quadro delle attività di ricerca e sviluppo, varato dal consiglio europeo nella primavera del 2005 e che sarà operativo dal 2007 al 2013.

però specificare che le piattaforme tecnologiche non sono né organismi legalmente riconosciuti, né vi fanno parte autorità pubbliche, comunitarie o nazionali, né tantomeno fanno o finanziano attività di ricerca.

Poiché le piattaforme tecnologiche contribuiscono pesantemente a molti programmi nazionali della ricerca, diventa necessario per le imprese parteciparvi attivamente nell'ottica di un ampliamento delle possibilità di accesso ai finanziamenti pubblici nel futuro.

L'obiettivo finale delle piattaforme tecnologiche è quello di potenziare, attraverso la collaborazione di tutti gli *stakeholders*, la ricerca ed il trasferimento di conoscenze e competenze per sostenere l'innovazione e la crescita economica. Potremmo anche dire, quindi, che grazie all'industria gli attori coinvolti sono incentivati a produrre innovazione.

Il processo di sviluppo di una piattaforma tecnologica si articola in tre stadi (fig. 17):

Figura 17 Processo di sviluppo delle Piattaforme tecnologiche.

Nonostante le varie tipologie di piattaforme evolvano in percorsi differenziati, a seconda del settore tecnologico d'interesse, è possibile individuarne due diverse tipologie:

1. Le Piattaforme tecnologiche che non necessitano di una struttura giuridica e che sono realizzate attraverso gli strumenti di finanziamento comunitario tradizionali oppure tramite l'autofinanziamento, da considerare come organismi consultivi;

2. Le Piattaforme tecnologiche che necessitano di una struttura giuridica specifica denominata *Joint Technology Initiative*[64] (anche detta iniziativa tecnologica comune o impresa comune)

Le piattaforme tecnologiche nazionali si collocano in sinergia con le piattaforme tecnologiche europee, infatti le prime possono anche servire per l'apertura di bandi nazionali su temi e con

---

[64] Sono piattaforme *sui generis* previste in numero assai limitato poiché necessitano di una mobilizzazione eccezionale di mezzi e di risorse finanziarie. L'identificazione di tali piattaforme è sottoposta ad un processo di selezione molto rigoroso che comprende i seguenti criteri: importanza strategica del progetto o possibilità di trasferirlo a livello industriale, presenza di fallimento di mercato in quel settore, esistenza per il prodotto in questione di un valore aggiunto, evidenza di un impegno industriale di medio-lungo termine, inadeguatezza degli strumenti comunitari classici a supporto dell'iniziativa in questione.

processi che si collegano alle seconde. È inoltre possibile fare un'ulteriore distinzione nel loro contesto: alcune nascono ed operano come sezioni nazionali delle piattaforme europee, altre invece si sviluppano in stretto contatto con gli operatori dei paesi interessati e con le istituzioni nazionali. Una possibilità alternativa e molto diffusa è quella di creare, all'interno delle piattaforme tecnologiche europee dei *mirror group*, nei quali sono presenti rappresentanti degli stati membri, così da poter coordinare un'efficace interfaccia tra le attività delle piattaforme tecnologiche europee e le azioni complementari da sviluppare a livello nazionale. Sulla base della propria politica interna in materia di ricerca e sviluppo tecnologico, i vari Paesi possono istituire piattaforme tecnologiche in quantità variabile, secondo un ordine di priorità.

A livello europeo attualmente sono attive trentaquattro differenti piattaforme tecnologiche, mentre a livello italiano sono attive otto piattaforme tecnologiche nazionali[65], di cui sei gravitano all'interno del settore *biotech*. Tale lavoro si concentrerà nello studio delle caratteristiche strutturali e organizzative e delle modalità di funzionamento di queste ultime:

- Biofuels Italia;
- Fabre-Farm Animal Breeding;
- Italian Food for Life;

---

[65] www.unibo.it

- SusChem Italy. Italian Technology Platform for Sustainable Chemistry;

- Italian Plants for the Future;

- Italian Global Animal Health.

Biofuels Italia

Biofuels Italia, che fa parte della Biofuel Technology Platform europea, è stata presentata a Bruxelles l'8 giugno 2006 nell'ambito del VII programma quadro di ricerca europea. Istituita con l'appoggio del Ministero delle politiche agricole, alimentari e forestali e del Ministero dell'Ambiente, nasce per promuovere la produzione e l'utilizzo dei biocarburanti in Italia, la condivisione di informazioni tra i suoi membri e la diffusione di una corretta comunicazione verso i media ed il pubblico.

La Biofuel Italia è incentrata sulla tematica dei biocarburanti, occupandosi in particolare dell'utilizzo di fonti di energia rinnovabili ed alternative a quelle tradizionali, della ricerca di nuovi mercati per la produzione agricola nazionale e dello sviluppo tecnologico competitivo dell'industria.

La piattaforma è suddivisa in cinque gruppi di lavoro, in analogia con la piattaforma europea: 1. Biomasse; 2. Conversione; 3. Uso; 4. Sostenibilità; 5. Economia.

"Dal punto di vista ambientale, in tempi di allarme per il cambiamento climatico, lo sviluppo dei biocarburanti riveste un ruolo chiave a livello italiano ed europeo, per il sequestro e il contenimento dei gas clima alteranti[66]", spiega Gianpietro Venturi[67]. Considerando che non esiste una sola bensì tante forme di bioenergia, adattabili alle singole situazioni, la piattaforma sarà utile per definire quali siano le forme migliori per il contesto italiano e stabilire priorità, rappresentando un interlocutore unico per politici e decisori".

Il comitato direttivo di Biofuels Italia, che si avvale della segreteria tecnica assicurata dall'Ateneo di Bologna, è composto dai soggetti che rispecchiano la filiera; per la ricerca Università ed Enea[68] , per la produzione agricola Confagricoltura[69], per la produzione ed aspetti generali delle biomasse ITABIA[70] (Italian Blomass Association), per la trasformazione Assodistil (etanolo) e

---

[66] www.unibo.it
[67] Professore del Dipartimento di Scienze e Tecnologie Agroambientali dell'Università di Bologna e presidente della Piattaforma67.
[68] L'Enea è l'agenzia nazionale per le nuove tecnologie, l'energia e lo sviluppo economico sostenibile.
[69] Confagricoltura è l'organizzazione di rappresentanza e di tutela dell'impresa agricola italiana.
[70] Itabia è l'associazione fondata per promuovere e diffondere la produzione, il recupero, il riciclo, la trasformazione, l'utilizzo produttivo delle energie da biomasse.

Assocostieri-Assobiodiesel (biodisel)[71]; per la distribuzione ENI; infine per l'uso centro ricerche FIAT.

In conclusione la Biofuels Italia favorisce la diffusione delle conoscenze all'interno ed all'esterno della piattaforma per sviluppare collaborazioni e sinergie al fine di migliorare il sistema e fornire una corretta informazione all'opinione pubblica.

Fabre-Farm Animal Breeding

"La piattaforma Fabre (Farm Animal Breeding and Reproducition Technology Platform) riunisce i principali attori pubblici e private dei settori dell'industria e della ricerca nel campo della selezione e della riproduzione animale per definire e proporre obiettivi di ricerca e sviluppo tecnologico a medio e lungo termine, per garantire la sostenibilità, la crescita e la competitività delle produzioni animali[72]".

La Fabre è stata costituita su iniziativa del Ministero delle Politiche Agricole Alimentari e Forestali (MiPAAF), ed è composta

---

[71] AssoDistil è l'associazione nazionale industriali distillatori di alcoli e di acquaviti; mentre Assocostieri è l'associazione nazionale depositi costieri oli minerali. Infine Assobiodiesel è l'associazione italiana dei produttori di Biodiesel.
[72] www.unibo.it

da uno *Streering Committe* guidato dal *Chairman*, Alessio Valenti e da due *co-Chairman*, Gianpaolo Zanirato per il settore latte, ed uno ancora da nominare per il settore carni. Inoltre per ogni settore di appartenenza (sistema allevatoriale, associazioni, enti di ricerca, università ed aziende) si sono stati istituiti i vari *steering group*.

Gli obiettivi di Fabre interessano il settore dell'*Animal Breeding*, e riguardano la sua promozione, l'incontro tra la domanda e l'offerta di ricerca, l'identificazione e la promozione di ricerca internazionale rivolte allo studio di problematiche rilevanti per l'Italia. Essa, inoltre, stimola e supporta la partecipazione della ricerca italiana ai programmi di ricerca ed orienta la ricerca a sostenere lo sviluppo industriale del settore.

I temi di ricerca trattati riguardano il miglioramento genetico (realizzazione di prodotti per la salute umana, resistenza alle malattie e allo stress, prodotti tipici, modelli per la valorizzazione e conservazione, nuovi obiettivi di selezione), il *management* (tracciabilità e rintracciabilità con marcatori molecolari e biochimici, utilizzo di prodotti alimentari alternativi, produzione di biofuel, impatto ambientale), la riproduzione (miglioramento efficienza riproduttiva con tecniche molecolari e citologiche, fertilità e immunità), la genomica (*mining* e bioinformatica, predizione fenotipo, combinazione indici genetica quantitativa e molecolare).

Italian Food for Life

Nel 2007 Federalimentare e l'Università di Bologna, in collaborazione con CRUI[73] (Conferenza dei rettori delle Università Italiane), ENEA biotec ed i principali attori della filiera agroalimentare, della ricerca e delle istituzioni, hanno presentato la Piattaforma tecnologica "ITalian Food for Life".

Essa si articola in 7 pilastri: 1.scienza del consumatore, 2.alimenti e salute, 3.qualità e produzione dei prodotti alimentari, 4.sicurezza alimentare, 5.sostenibilità della produzione, 6.gestione della catena alimentare, 7.comunicazione, formazione e trasferimento tecnologico. Ogni pilastro si struttura a sua volta in una serie di obiettivi chiave (fig.18).

---

[73] La CRUI è da sempre attenta ai temi della competitività e della sicurezza, svolge il ruolo di facilitatore dei rapporti fra i vari partner.

118

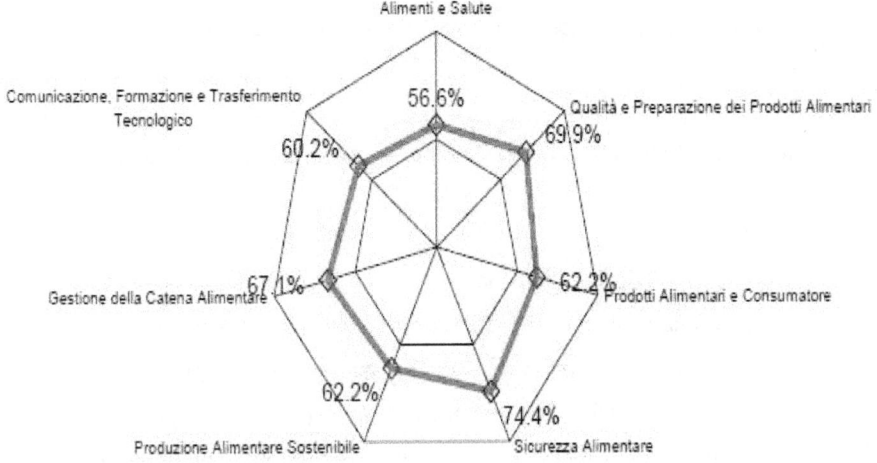

Figura 18 Percentuali sulle sette priorità di Italian Food for Life

"La promozione della cultura dell'innovazione, della ricerca e della formazione – dichiara Luigi Rossi di Montelera, Presidente di Federalimentare – è senza dubbio la chiave di volta per l'affermazione dei nostri prodotti in Italia e all'estero. Stiamo parlando di quello che sarà riconosciuto come il *Made in Italy* alimentare del futuro, che oggi deve passare attraverso la specializzazione, la ricerca e il progresso tecnologico per affermarsi, domani, come un "nuovo classico" nel quale s'impone la nostra capacità, tutta italiana, di elaborare cultura e conoscenza, innovazione e tradizione[74]". L'obiettivo della piattaforma è quello di aiutare le aziende alimentari italiane, con particolare attenzione alle PMI, a

---

[74] www.federalimentare.it

119

recuperare competitività attraverso l'innovazione dei prodotti e dei processi.

SusChem Italy. Italian Technology Platform for Sustainable Chemistry

L'industria italiana ed il mondo accademico hanno partecipato attivamente alla formazione della Piattaforma italiana SusChem Italy, realizzata in collaborazione con la piattaforma europea (ETP-SusCh). Tra gli obiettivi della piattaforma quello di incoraggiare l'innovazione, rafforzare la competitività e migliorare la collaborazione attiva tra il pubblico e privato nei settori industriali legati alla chimica sostenibile, alla tecnologia dei materiali ed alle biotecnologie industriali. Per quanto riguarda nello specifico le biotecnologie industriali, la piattaforma sviluppa le principali tematiche di ricerca per la creazione di nuovi processi e prodotti eco-efficienti, provenienti da materie prime rinnovabili, attraverso l'impegno di nuovi o migliorati microorganismi e/o enzimi in bioreattori dedicati, nuovi e ottimizzati. La Piattaforma SusChem Italy è strutturata come nella figura 19 . La Struttura di Governo opera attraverso 3 Comitati Settoriali e 2 Task Forces. Il Comitato Direttivo è guidato dal Presidente ed è composto da vari rappresentanti provenienti dal mondo delle Imprese e dal mondo Accademico di vari settori: biotecnologie industriali, tecnologia dei materiali e progettazione delle reazioni e dei processi.

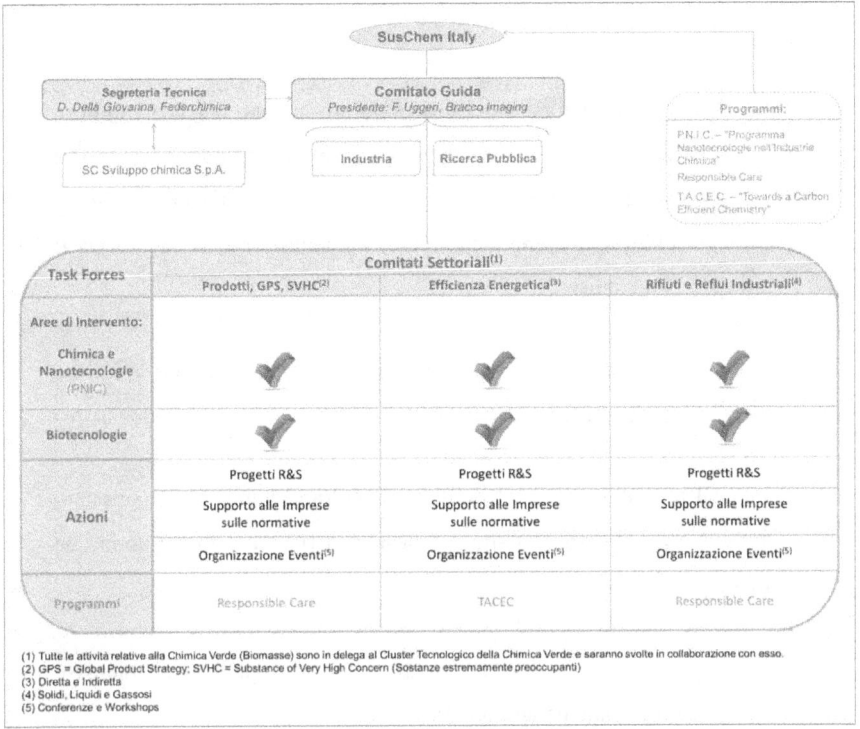

Figura 19 Governance di SusChem Italy fonte: FEDERCHIMICA

La piattaforma contribuisce allo sviluppo italiano cercando di creare:

1. un'energia sicura e sostenibile (sviluppo di sorgenti di energia alternativa, risparmio energetico attraverso l'utilizzo di nuovi materiali e tecnologie, miglioramento dell'accumulo, trasporto e conversione delle energie);

2. un ambiente pulito (rimediazione biocatalitica del suolo e dell'acqua, riduzione delle emissioni di gas ad effetto serra, nuove tecnologi eco-efficienti);

121

3. un uso razionale delle risorse, produzione per una migliore qualità della vita (le biotecnologie industriali permettono di sviluppare processi più efficienti per sintetizzare medicine additivi e componenti per l'alimentazione, la salute ed il benessere);

4. la creazione di posti di lavoro indotti da una migliore competitività industriale.

All'interno del settore delle biotecnologie industriali si possono individuare sette priorità strategiche per la ricerca e lo sviluppo che sono:

- la selezione di nuovi enzimi e micro-organismi di interesse industriale ed ambientale;

- la caratterizzazione ed ottimizzazione dei biocatalizzatori;

- i miglioramenti dei biocatalizzatori (enzimi e micro-organismi) attraverso tecniche genomiche, proteomiche, metabolomiche, bioinformatiche e computazionali;

- l'ingegneria metabolica;

- la progettazione di processi biocatalitici innovativi;

- la progettazione e sviluppo di processi fermentativi e biodegradativi innovativi;

- i processi innovativi e sviluppo di processi fermentativi e biodegradativi innovativi;

- i processi innovativi per il recupero del prodotto.

Queste priorità di ricerca possono essere integrate in quanto applicabili con successo nella conversione di biomasse, di rifiuti organici, di sottoprodotti, effluenti e surplus agroalimentari in *fine chemicals*, bioprodotti, biocombustibili e biorisanamento.

Italian Plants for the Future

La costituzione della piattaforma "Plants for the Future" rappresenta un importante momento per il rilancio della ricerca scientifica sulle piante, settore trascurato nel VI programma quadro.

"Gli obiettivi di tale piattaforma riguardano: interventi a livello Ministeriale per suggerire linee tematiche di interesse nazionale/europeo su cui sviluppare programmi di ricerca strategici; il coinvolgimento del mondo industriale affinchè prenda parte attiva alle attività della Piattaforma Nazionale, particolarmente per quanto concerne la definizione degli obiettivi applicativi della ricerca; stimolare una forte alleanza e comuni strategie con gli altri Atenei e centri di ricerca nazionali di riferimento al settore al fine di creare sinergie tra tutti i possibili attori di filiera per costituire una massa critica sul piano nazionale; organizzare la struttura di *governance* della Piattaforma Nazionale, condividendo le nomine parimenti con gli altri Atenei, centri di ricerca, industrie e altri attori di filiera interessati a prendere parte a tali organi sul piano nazionale; creare un rete di collaborazione tra industria, Atenei, centri di ricerca pubblici e privati, associazioni, consorzi in ambito agroalimentare; evitare la sovrapposizione di attività e di linee tematiche con le altre Piattaforme di riferimento dell'Area KBBE (*Knowledge-Based–Bio-Economy*), quali Food For Life, Forestry- based Sector, SuSChem, Biofules e Global Animal Health; operare all'interfaccia delle Piattaforme menzionate per integrare al meglio e valorizzare le complementarietà e le specificità di ciascuna nel proporre linee tematiche di interesse nazionale e comunitario[75]".

La PT "Plants for the Future" mostra i vantaggi di una bioeconomia[76] basata sulla conoscenza scientifica. Essa è governata da un consiglio direttivo ed un comitato scientifico costituito dai rappresentanti dei vari settori.

---

[75] www.unibo.it

[76] Per bioeconomia si intendono le industrie ed i settori economici (es. agricoltura, industria alimentare, selvico cultura, ecc.) che producono, gestiscono e utilizzano le risorse biologiche, ed i relativi servizi, industrie di approvvigionamento e di consumo.

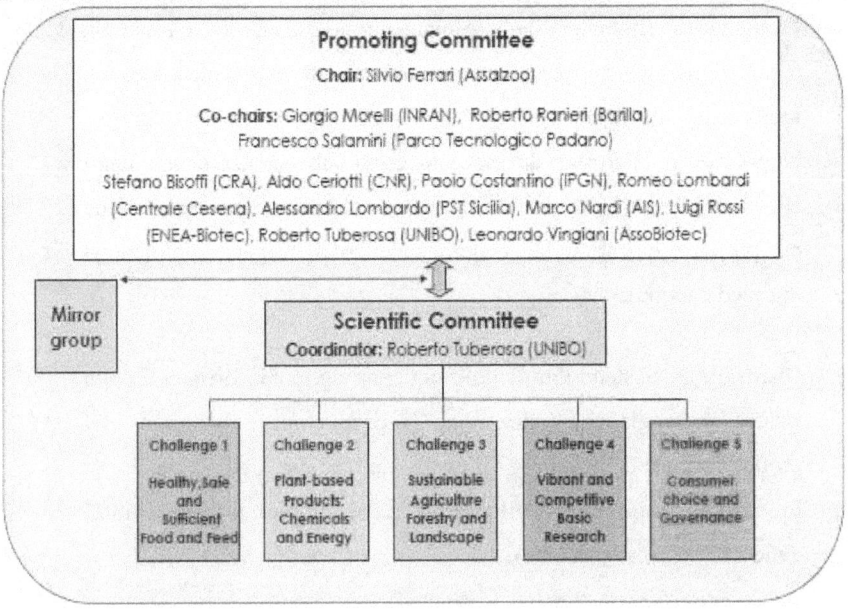

Figura 20 Organizzazione della Piattaforma Plants for the future

La PT si pone cinque challenge:

Challenge 1: qualità e sicurezza delle produzioni vegetali destinate all'alimentazione umana ed animale. Gli obiettivi principali si possono riassumere in: identificare geni/caratteri utili nell'ambito della variabilità genetica esistente. Isolare geni utili e verificare la loro funzione genica in vivo. Aumentare la resistenza a stress biotici e abiotici. Ottenere nuovi genotipi attraverso il miglioramento genetico condotto per mezzo di marcatori molecolari specifici, con particolare attenzione alla potenzialità produttiva e stabilità delle produzioni.

Challange 2: Biomateriali dalle piante: prodotti chimici ed energia (Produzione di nutraceutici, produzione di molecole per usi industriali. Nuove materie prime per applicazioni industriali (es. biopolimeri). Farmaci da proteine eterologhe. Incremento degli zuccheri fermentabili nelle biomasse. Nuove colture lignocellulosiche per produrre biocarburanti. Colture di microalghe per la produzione di oli ed energia).

Challange 3: Sostenibilità delle produzioni agricole, forestali e delle risorse paesaggistiche (Aumentare la produzione e la qualità dei prodotti vegetali. Ridurre l'impatto ambientale dell' agricoltura. Preservare e utilizzare la biodiversità. Migliorare la sostenibilita' delle risorse paesaggistiche).

Challenge 4: Ricerca di base competitiva (Centri di eccellenza per le "omics". Formazione quadri professionali adeguati alle esigenze; studio e sequenziamento dei genomi di specie modello e delle specie di interesse agrario e forestale; identificazione della funzione dei geni, identificazione di nuove possibilità per l'industria.

Challange 5: Competitività, consumatori e *governance* (orientamento delle attitudini e gli *stakeholders* verso future tecnologie in agricoltura). Studi prospettici sui costi/benefici delle tecnologie future da un punto di vista sociale, economico e ambientale. Eventi, *networks* e istituzioni finalizzate allo scambio di informazioni e a decisioni partecipative. Migliorare i meccanismi che garantiscono il controllo di qualità e sicurezza. Incoraggiare nuove partnership

126

pubblico-privato in grado di migliorare la competitività italiana nell'applicazione delle moderne biotecnologie.

Il contributo delle biotecnologie riguarda:tecniche di colture in vitro (micropropagazione produzione di doppi aploidi, criopreservazione), Tecnologie di processo, Genomica (profili molecolari, mappatura del genoma, selezione assistita con marcatori, sequenziamento dei genomi, clonaggio di geni/QTL), Ingegneria genetica.

Italian Global Animal Health

ITPGAH è il *mirror group* della European TEchnology Platform on Global Animal Health. Esso rappresenta un centro di coordinamento per la ricerca della salute animale ed umana, ponendosi come principale obiettivo quello di incrementare la competitività dell'Italia in tale ambito. Nell'ottica di questo *target* è possibile individuare alcuni punti chiave, tra i quali annoveriamo: l'incentivazione di una visione strategica nazionale, l'allineamento dei programmi e delle iniziative statali a quelle europee, la promozione delle collaborazioni tra settore pubblico e settore privato nel campo dello sviluppo di innovazioni per lo studio e il controllo delle patologie animali. La creazione dell'ITPGAH nasce quindi, in un senso più globale, con la finalità di superare una serie di precedenti problematiche tra cui l'insufficienza e la frammentazione nell'ambito della ricerca e della salute animale, la scarsa presenza dell'Italia nel contesto europeo, per ciò che concerne tale tematica, la mancanza di coordinazione tra settore pubblico e privato, oltre che tra ricerca e industria, la mancanza di un'interazione tra l'industria ed enti di vigilanza per la promozione di obiettivi unitari, la mancanza di laboratori GLP sul territorio. Dal punto di vista organizzativo tale piattaforma tecnologica si basa sull'attività di un comitato promotore, costituito da un *chairman*, Paolo Predieri (AISA, Associazione nazionale Imprese Salute Animale), e da due *co-chairman*, Luigi Morganti, Università di Bologna, e Stefano Cinotti, IZS Lombardia e Emilia Romagna, e da un comitato scientifico, rappresentato da un *chairman*, Canio Buonavoglia (Università di Bari) e un *co-chairman*, Giovanni Mantero (Biodiversity s.p.a.).

L'attività della piattaforma in questione si incentra su una serie di dibattiti che vedono da un lato gli obiettivi suddetti e dall'altro l'effettiva ed attuale situazione Italiana in tale ambito di ricerca. Una primaria necessità apparirebbe innanzitutto rendere disponibile un riordino delle patologie animali secondo priorità epidemiologiche e di impatto sulla popolazione e sull'economia del paese. Un altro punto fondamentale è il livello tecnologico, il quale appare, nel caso italiano, sostanzialmente limitante rispetto all'alto livello di preparazione scientifica. Sulla base di quest'ultimo *gap* appare quindi fisiologico l'impulso che tale piattaforma cerca di dare allo sviluppo delle tecnologie, globalmente considerate. Certamente plausibile, in una più generale azione di rinnovamento di tale ambito, apparirebbe l'assistenza governativa ai settori industriali per la crescita del settore in questione, e in tal senso due punti chiave sarebbero la riduzione dei costi e lo snellimento legislativo e burocratico in materia di salute umana ed animale, ad es. di concreta utilità sarebbe rendere effettiva la tracciabilità dei farmaci veterinari. Per concludere, un'analisi delle potenzialità dell'Italia in quest'ambito di ricerca rende possibile una considerazione circa le grandi prospettive cui il nostro paese può verosimilmente ambire, come il ruolo di coordinamento tra i paesi del mediteranno nel limitare il cosiddetto TADS IMPACT sulla produzione e l'avanzamento della ricerca animale in Europa.

Capitolo 4

Mercato e strumenti finanziari R&S nel biotech italiano

4.1 Mercato *biotech* in Italia

L'Italia ricopre una posizione geografica strategica per il settore delle *biotech*, dal momento che il Nord del nostro paese rappresenta il luogo ideale per l'accesso al cuore dell'Unione europea, mentre il Centro ed il Sud possono essere considerati come un ponte di collegamento con le economie emergenti dei Balcani e del Nord Africa.

L'ingresso come membro del gruppo nella moneta unica europea, l'euro, ha portato importanti riforme economiche, quali la riduzione del disavanzo del settore pubblico e la privatizzazione delle imprese statali, che è tuttora in corso. Un dato ancor più rilevante riguarda i notevoli vantaggi nelle esportazioni, ottenuti grazie agli storici e vantaggiosi tassi d'interesse e d'inflazione italiani, che insieme alla maggiore competitività dell'euro, hanno accresciuto notevolmente gli investimenti esteri, in particolare dagli Stati Uniti, dal Regno Unito, dalla Francia e dalla Germania. A sostegno di questo dato, un sondaggio condotto negli Stati Uniti tra i principali gruppi ha rilevato che l'Italia gode di una reputazione favorevole per l'innovazione e la creatività, per la sua base manifatturiera eccellente, per la sua posizione geografica, per le dimensioni del suo mercato domestico, per la sua capacità di produrre prodotti di alta qualità e per la sua forte strutturazione delle PMI.

Per quanto riguarda il settore delle scienze della vita, l'Italia offre opportunità interessanti, e si distingue per alcune caratteristiche principali quali: la lista innumerevole di imprese innovative altamente strategiche[77], soprattutto nel settore sanitario (48 aziende italiane hanno 209 farmaci in fase di sviluppo preclinico e clinico) e l'attuale eccellente *background* accademico e della ricerca (forte impegno verso l'istruzione di alto livello e formazione di ricercatori *biotech* e tecnici). Negli ultimi anni il governo ha avuto un approccio a carattere scientifico e imprenditoriale, che ha promosso iniziative imprenditoriali e *partnership* strategiche, colmando così quella mancanza di finanziamenti pubblici avvertita negli anni precedenti.

---

[77] Negli anni passati la mancanza del sostegno pubblico ha costretto le imprese *biotech* italiane a diventare molto concorrenziali al fine di sopravvivere.

Attualmente le PMI possono contare su un Fondo di garanzia a loro sostegno, per il quale nel 2010 sono stati stanziati 1,5 milioni di euro, sul credito d'imposta[78]. Il 10% sulle spese di ricerca (40% quando la ricerca è promossa in collaborazione con un Istituto Pubblico), sul Fondo per la Ricerca Scientifica e Tecnologica (FIRST).

Questi cambiamenti hanno reso l'Italia competitiva poiché si è creata un'eccellente comunità scientifica con numerosi centri di ricerca (i centri *biotech* italiani sono altamente competitivi a livello internazionale) e bassi costi (rispetto agli Stati Uniti sono circa la metà); tutto ciò ha attirato investimenti nel settore. Sono stati stimati investimenti privati *biotech* intorno ai 2 miliardi di euro e circa 40 milioni di euro (che arrivano a 80 milioni se si aggiungono i soldi provenienti dalle associazioni *no profit*) di investimenti pubblici.

Gli investitori, nel mercato italiano, vengono accolti con una serie di incentivi, senza discriminazioni fra investitori locali e stranieri. Le prestazioni sono fornite in forma di contributi agli investimenti, prestiti a interesse ridotto o una garanzia statale per gli esportatori. Occasionalmente il beneficio è concesso sotto forma di una combinazione di una sovvenzione all'investimento ed il prestito agevolato, a seconda della localizzazione geografica dell'investimento e la dimensione dell'azienda. Nelle zone colpite dalla disoccupazione, in particolare nel sud del paese, è concessa una

---

[78] Il credito d'imposta è un'agevolazione disciplinata da norme legislative, prevista a favore di determinati soggetti in base a particolari requisiti

deroga, a determinate condizioni, dell'imposta sulle società e dell'imposta locale per un periodo di 10 anni. Le aziende che investono una somma superiore alla media degli investimenti rispetto ai 5 anni precedenti, possono beneficiare di una deduzione dal reddito imponibile sull'investimento in eccesso. Fatte salve le condizioni e la zona geografica, un aiuto all'investimento fino al 65%[79] di quest'ultimo può essere ottenuto su investimenti in immobili.

I punti chiave che caratterizzano il mercato *biotech* italiano sono:

- ottimo *background* accademico e della ricerca: sono attivi corsi in biotecnologia specializzati in più di quaranta Università, che formeranno una nuova generazione di specialisti ben preparati per l'industria;

- Borse di studio per la R&S: sono previste sovvenzioni a livello nazionale e regionale atte a coprire le spese del settore, quali gli stipendi dei lavoratori, l'acquisto di attrezzature di ricerca e di diritti di proprietà intellettuale;

- Leggi sul lavoro flessibile e competitività dei costi: in seguito alla nuova normativa sul lavoro flessibile locale e sull'occupazione, i costi del personale R&S sono più competitivi rispetto agli altri Paesi europei ed agli Stati Uniti;

---

[79] In nessun caso, però il vantaggio deve superare il 50% del reddito imponibile.

- Misure fiscali: la crescita del settore delle scienze della vita, emergente negli ultimi anni è stato accelerato dall'impegno del Governo per lo sviluppo in campo biotecnologico. In particolare con la Legge Finanziaria per il 2008 è stata adottata una riforma fiscale specifica che introduce un credito d'imposta per le spese in R&S. Il credito d'imposta è un'agevolazione disciplinata da norme legislative, prevista a favore di determinati soggetti in base a particolari requisiti. Rientra a pieno titolo nel sistema di aiuti a favore delle imprese. Queste ultime (a prescindere dalla loro dimensione, dalla localizzazione e dal settore di appartenenza) possono richiedere l'agevolazione semplicemente attraverso la compilazione dell'apposito quadro del modello Unico ed ottenere riduzione del carico fiscale (imposte IRAP e IRES). La percentuale delle spese ammissibili da detrarre è pari al 10% per le attività realizzate dall'impresa mentre tale percentuale aumenta al 40% se i progetti hanno visto la concreta collaborazione da parte delle Università o dei centri di ricerca. Il credito d'imposta essendo una misura fiscale generale non costituisce aiuto di Stato ed è quindi cumulabile con eventuali aiuti di Stato ricevuti a valere sulle stesse attività e sugli stessi beni;

- Ambito regionale: si sono elaborati programmi di finanziamento sia per gli investimenti, che per le attività di R&S. In particolare in regioni dove sono presenti distretti tecnologici e poli d'innovazione, ossia dove è presente una massicia concentrazione di imprese e centri di R&S;

- Prestiti per favorire l'esportazione: sono concessi prestiti a tasso agevolato per incoraggiare l'esportazione dall'Italia verso altri Paesi. Il prestito copre l'importo fino all'85% dei prodotti esportati. Il finanziamento è suddiviso in cinque anni per i paesi economicamente affermati, in dieci per i paesi sottosviluppati.

Con tali premesse possiamo evincere che il *biotech* italiano risulta essere ben strutturato, grazie alla presenza di imprese innovative, parchi scientifici e ricercatori, accomunati da un forte dinamismo ed innovazione.

Secondo il Rapporto "Biotecnologie in Italia 2009" realizzato da Blossom & associati e Assobiotec, l'industria biotecnologica italiana è composta da 319 imprese, per lo più di piccole dimensioni. Le vendite complessive ammontano ad oltre 5,6 miliardi (un incremento del 18% di anno in anno), di cui 5,3 generati dalla vendita di prodotti e tecnologie innovativi (il tasso di crescita del 24% di anno in anno è stato registrato lo scorso anno). Gli investimenti in R&S biotecnologica ammontano ad 1,5 miliardi di euro (un aumento del 15% rispetto all'anno precedente). Le società riportano una crescita del 33% della capitalizzazione complessiva, un EBIT[80] in continuo

---

[80] EBIT (Earnings Before Interest and Taxes) esprime il reddito che l'azienda è in grado di generare prima della remunerazione del capitale.

miglioramento (un aumento dell'84% di anno in anno), con un aumento del fabbisogno finanziario (aumento del debito del 30% di anno in anno) pari a 2,6 miliardi di euro.

La ricerca e lo sviluppo svolte in Italia stanno producendo un significativo *pipeline* di prodotti a vari stadi di sviluppo. Ci sono 49 progetti in fase di ricerca avanzata e 209 prodotti in fase di sviluppo preclinico e clinico, realizzate da 48 aziende. Inoltre, 40 nuovi prodotti (principalmente per applicazioni oncologiche) hanno ottenuto la designazione di farmaco orfano[81] (7 da EMEA[82], 2 da FDA e 31 sia da EMEA che da FDA). La ricerca nel settore farmaceutico ha anche generato un *pipeline* in applicazioni diagnostiche e tecnologiche; infatti ci sono 14 prodotti diagnostici in sviluppo riferiti all'oncologia (71%), all'ematologia (21%) e al sistema genito-urinario ed ormoni sessuali (7%); si dispone di 63 tecnologie innovative in fasi di sviluppo che richiedono l'uso di metodologie biotecnologiche di diversa tipologia a secondo delle aree di applicazione, in particolare lo *screening* farmacologico (35% dei casi) e l'incremento delle preparazioni farmacologiche (13% dei casi).

Pertanto, con la crescita dell'impegno di ricerca e con un portafoglio di potenzialità, l'Italia sta portando avanti un proprio

---

[81] I farmaci orfani sono destinati alla cura di malattie rare, il cui processo della scoperta è lungo, costoso e molto aleatorio. Esso può essere definito come un farmaco non diffuso dall'industria farmaceutica per ragioni economiche, ma che risponde ad un bisogno di salute pubblica.
[82] EMEA European Medicines Agency ossia l'Agenzia europea per i medicinali.

percorso verso un livello di maturità che sicuramente genererà ulteriore innovazione e crescita economica, rafforzando così il ruolo di paese come attore internazionale.

Questi dati rispecchiano un forte sviluppo ed una forza nelle capacità di innovazione dell'industria italiana biotech, che anche in un contesto internazionale caratterizzato da contrazione degli investimenti e previsione sinistre, ha dimostrato di essere in grado di andare avanti con fiducia nel futuro.

4.2 Le forme di finanziamento

"La velocità di sviluppo di un Paese dipende dai finanziamenti e dagli investimenti in R&S, ed in nessun momento, dai tempi della rivoluzione industriale, la ristrutturazione delle attività economiche è stata così necessaria come oggi. Nel mondo si tende a sviluppare una economia basata sulla conoscenza, dove la ricerca, il suo sfruttamento industriale e altre attività intellettuali giocano un ruolo crescente[83]".

Il ruolo della finanza come motore e sostegno delle biotecnologie è determinante, e addirittura vitale per l'accesso al credito ed ai capitali. Il ruolo dei finanziamenti, pubblici e privati, ha un'importanza strategica, dal momento che essi sono chiamati tanto a supportare quanto ad indirizzare le attività di innovazione industriale, di ricerca scientifica e di sviluppo tecnologico.

---

[83] www.miur.it

La ricerca biotecnologica in Italia è finanziata attraverso i finanziamenti pubblici nazionali e regionali, i fondi e programmi internazionali ed i finanziamenti privati.

Per quanto riguarda i fondi ed i programmi internazionali la principale fonte per la ricerca è il 7° Programma Quadro per la Ricerca[84] e lo Sviluppo Tecnologico (7PQ), che è il principale strumento con cui l'Unione Europea finanza la ricerca in Europa.

"La ricerca fa parte del triangolo della conoscenza", destinato a rafforzare la crescita e l'occupazione dell'Unione europea (UE) in un'economia globalizzata. Il Settimo programma quadro di ricerca, che copre il periodo 2007-2013, è per l'Unione europea una buona opportunità di portare la sua politica della ricerca al livello delle sue ambizioni economiche e sociali, consolidando lo Spazio europeo della ricerca (SER)[85]. Per realizzare l'obiettivo, la Commissione intende aumentare il bilancio annuale dell'UE destinato alla ricerca e incentivare così gli investimenti nazionali e privati. L'attuazione del Settimo programma quadro dovrà, inoltre, soddisfare le esigenze in termini di ricerca e di conoscenza dell'industria e più in generale delle politiche europee[86]".

---

[84] Il primo programma quadro è stato lanciato nel 1984 e da allora hanno sempre avuto un ruolo guida nella ricerca multidisciplinare e nelle attività di cooperazione in Europa.

[85] Una piattaforma tesa a raggruppare ed intensificare gli sforzi di ricerca dell'Unione, coordinandoli con le iniziative nazionali ed internazionali. Scopo del SER è di guidare ed ottimizzare le attività di ricerca e la politica dell'innovazione sul piano europeo, e di realizzare entro il 2020 la libera circolazione di ricercatori,conoscenza e tecnologie.

[86] www.ec.europa.eu

Il 7° programma quadro contiene alcune differenze rispetto a quelli precedenti, innanzitutto perché ha una durata più lunga (7 anni), ha a disposizione uno stanziamento di bilancio di 53,2 miliardi di euro, cioè il maggiore finora erogato per questi programmi (il 63% in più rispetto al 6° programma quadro), ed infine presenta una maggiore focalizzazione sui principali temi di ricerca (salute e biotecnologie) con quasi il 20% dei 32,4 miliardi di euro previsti nella componente Cooperazione, destinati alla salute (fig. 21)

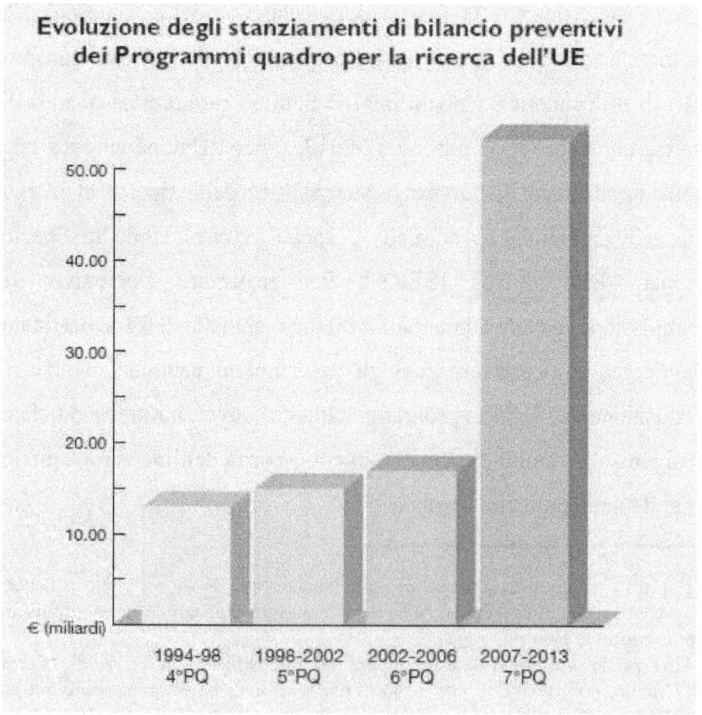

Figura 21 fonte www.ec.europa.eu

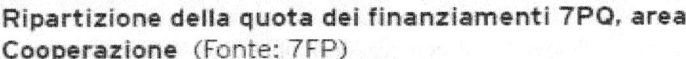

Ripartizione della quota dei finanziamenti 7PQ, area
Cooperazione (Fonte: 7FP)

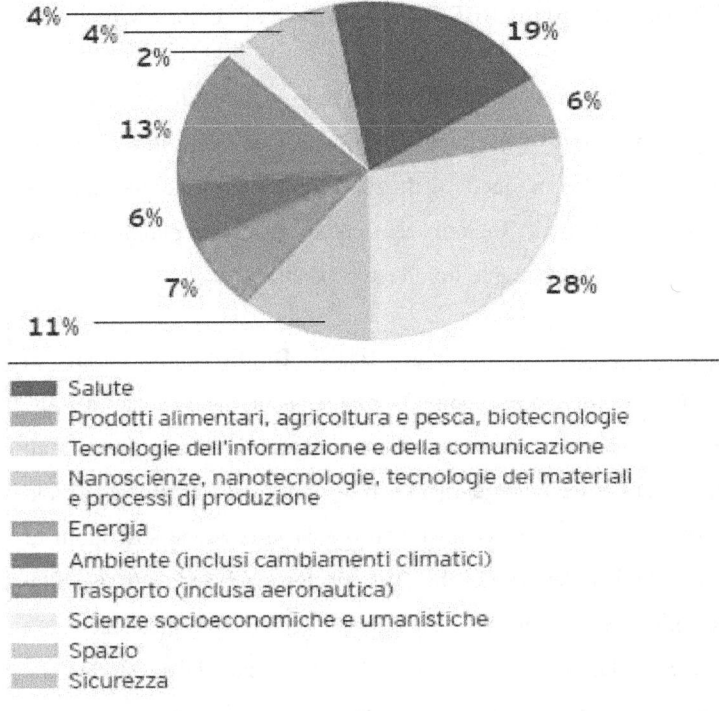

■■■ Salute
■■■ Prodotti alimentari, agricoltura e pesca, biotecnologie
■■■ Tecnologie dell'informazione e della comunicazione
■■■ Nanoscienze, nanotecnologie, tecnologie dei materiali
     e processi di produzione
■■■ Energia
■■■ Ambiente (inclusi cambiamenti climatici)
■■■ Trasporto (inclusa aeronautica)
     Scienze socioeconomiche e umanistiche
■■■ Spazio
■■■ Sicurezza

Figura 22 fonte: Rapporto sulle biotecnologie in Italia Ernest & Young, 2010

Nelle specifico l'Italia si è aggiudicata il 4% dei 55 miliardi disponibili in quanto nel periodo 2007-2009 sono stati presentati 986 progetti di cui 144 sono stati selezionati per essere finanziati[87]. Ultimamente sono stati pubblicati per il settore delle

---

[87] Fonte Agenzia per la promozione della ricerca Europea.

biotecnologie nuovi bandi con scadenza nell'anno 2011 denominati ERA-NET *call* 2011, KBBE 2011, The ocean of Tomorrow.

Era-Net *call* 2011 promuove lo scambio di esperienze fra programmi di ricerca nazionali o regionali pianificati, in quanto tale bando si rivolge a quelle istituzioni di promozione nazionale e regionale (Ministeri, Regioni, ecc) che a loro volta pubblicheranno iniziative di finanziamento tramite altri bandi.

KBBE (Knowledge Based Bio-Economy) ossia la creazione di una bioeconomia[88] basata sulla conoscenza, associa scienza, industria ed altre parti interessate per sfruttare opportunità di ricerca nuove ed emergenti, che riguardano problematiche sociali, ambientali ed economiche quali: l'uso e la produzione sostenibili di risorse biologiche rinnovabili; il rischio crescente di malattie epizootiche e zoonotiche e di disturbi legati all'alimentazione; le minacce alla sostenibilità ed alla sicurezza della produzione agricola, ittica e dell'acquacoltura; la crescente domanda di prodotti alimentari più sicuri, sani e di elevata qualità, nel rispetto del benessere degli animali e dei contesti rurali e costieri, nonché delle

---

[88] La bioeconomia, i cui fondamenti sono stati posti da uno dei maggiori economisti del XX secolo, Nicholas Georgescu Roegen, consente di affrontare adeguatamente i problemi dell'ambiente, basandosi sulla legge dell'entropia, tenendo cioè conto del progressivo degrado dell'energia e della materia. Alla luce di tale nuove impostazioni potranno essere affrontate le questioni ambientali oggi sul tappeto, dal cosiddetto sviluppo sostenibile, alla sovrappopolazione, all'inquinamento. Tutti problemi che la tradizionale economia dell'ambiente, di stampo neoclassico, ristretta prevalentemente ai fenomeni del mercato ed ai valori monetari, non è in grado di risolvere. R. Molesti, I fondamenti della bioeconomia. La nuova economia ecologica. FrancoAngeli, Milano, 2006.

esigenze dietetiche specifiche dei consumatori. Il *budget* assegnato è di 1.935 milioni di euro, dei quali 70 stanziati per il settore della scienza della vita (l'attività in particolare riguarda la produzione e gestione sostenibile delle risorse biologiche provenienti dalla terra, dalla silvicoltura e dagli ambienti acquatici; "dalla tavola ai campi" ossia prodotti alimentari, salute e benessere; scienza della vita, biotecnologie e biochimica per prodotti e processi non alimentari sostenibili).

The ocean of tomorrow ha stanziato 45 milioni di euro per progetti di ricerca sulle attività marittime (il bando è centrato sul Mar Mediterraneo e sul Mar Nero) con l'obiettivo di sviluppare al massimo il potenziale dei mari e degli oceani attraverso approcci innovativi, di lunga durata e sostenibili. Nello specifico per il settore biotecnologico sono stati destinati 9 milioni di euro.

Un'altra fonte di finanziamento internazionale deriva dal National Institutes of Health (NIH)[89] americano, purtroppo negli ultimi anni i finanziamenti raccolti dalle strutture di ricerca italiana sono progressivamente diminuiti (dai 3 milioni di euro del 2007 al milione di euro del 2009[90]).

Analizzando invece i finanziamenti pubblici nazionali si evince che negli ultimi anni in Italia vi è stato un aumento

---

[89] Sono gli istituti nazionali di sanità del dipartimento della salute e dei servizi umani degli Stati Uniti, si occupano sia di ricerca biomedica, ma anche di finanziamenti per ricerche svolte sia all'interno degli stessi istituti sia all'esterno.
[90] Fonte dati NIH.

dell'ammontare complessivo degli stanziamenti pubblici per la ricerca scientifica, in particolare come possiamo vedere dalla fig.23 si rileva un aumento del 4% tra il 2006 ed il 2007 ma solamente dell'1% dal 2007 al 2008.

Totale stanziamenti Amministrazioni Centrali per la ricerca. Valori in milioni di Euro
(Fonte: elaborazioni MIUR sui dati dei vari Ministeri)

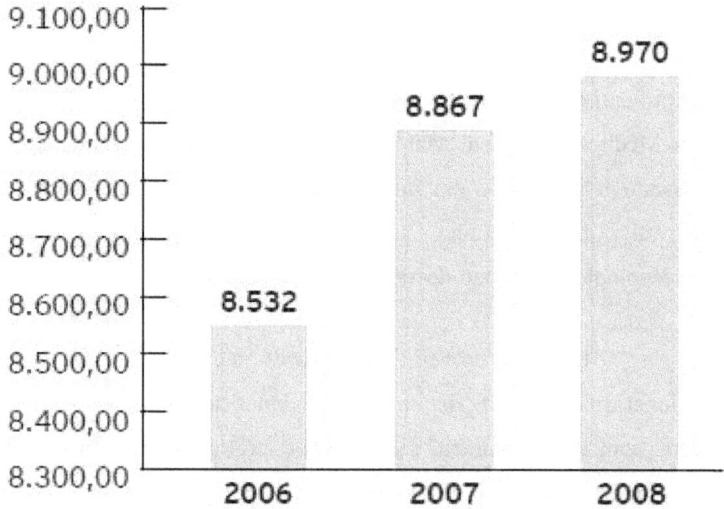

Figura 23

I ministeri che in Italia erogano i finanziamenti sono il Ministero dell'Istruzione dell'Università e della Ricerca (MIUR), il Ministero della Salute ed il Ministero dello Sviluppo Economico (MSE).

Il quadro di riferimento per tutte le misure a sostegno della ricerca e sviluppo, finanziate nel Paese è costituito dalla struttura e dagli orientamenti del Programma nazionale della ricerca (PNR) 2010-2013 elaborato dal MIUR.

L'elaborazione del PNR tiene conto "per l'Italia, di un quadro di criticità relativo ai fattori che determinano la capacità di produrre e diffondere conoscenze e di generare valore da esse: la dotazione di capitale umano è sottodimensionata (difficoltà a reperire diplomati e laureati preparati in settori specifici); il sistema pubblico di ricerca ha una scarsa attitudine all'applicazione dei risultati e alla collaborazione con le imprese; la valutazione della ricerca non è allineata alla prassi internazionale; la quasi totalità della ricerca delle imprese è localizzata nelle regioni centro-settentrionali del Paese; l'innovazione prodotta dall'imprenditoria italiana prescinde dagli *input* provenienti da centri di ricerca e sviluppo tecnologico pubblici. Rispetto ad altri paesi della UE, è basso il livello di incentivazione ad investire *in-house*, ma anche ad assegnare le commesse, da parte delle imprese, alle strutture pubbliche di ricerca. È evidente che nell'interesse della sostenibilità del sistema paese, la ricerca pubblica deve saper intercettare le linee di ricerca di interesse per le imprese, ristrutturandosi e organizzandosi in modo da rendere conveniente anche alle PMI l'accesso alla ricerca e al trasferimento tecnologico[91]"

.

---

[91] Bozza del Programma nazionale della ricerca 2010-2013.

Il PNR definisce il quadro di contesto, gli obiettivi generali, le opportunità per la ricerca italiana nel contesto nazionale ed internazionale ed il quadro dei possibili interventi in tale settore, in altre parole è uno strumento predisposto dal Governo per indirizzare nel Paese lo sviluppo coordinato delle attività di ricerca. L'obiettivo è quello di realizzare un coordinamento nazionale degli interventi (politiche di sistema coordinate); le strategie adottate saranno necessarie per far ripartire il motore dell'innovazione italiana, infatti in tre anni il livello degli investimenti pubblici in ricerca dovrà passare dall'attuale 0,56% del Pil allo 0,65% come nella media europea, dovranno aumentare anche gli investimenti nella ricerca da parte delle imprese precisamente dovranno passare dall'attuale 0,55% del Pil all'1,17% che è l'attuale media europea. Per realizzare i suoi obiettivi e strategie il PNR propone azioni integrate in un sistema di *governance* condivisa dalle diverse amministrazioni interessate. Nel PNR del 2010 le azioni sono 18 cosi organizzate:

- *knowledge driver* (azione1. Creatività ed eccellenza, azione2. Tecnologie abilitanti);

- per l'industria (azione3. Innovazione industriale, azione4. Progetti integrati industriali);

- sviluppo di poli locali (azione5. Start-up, azione 6. Piattaforme tecnologiche, azione7. Distretti tecnologici, azione8. Poli di eccellenza, azione13. Infrastrutture);

- capitale umano (azione9. Giovani ricercatori, azione10. Scuole internazionali, azione11. Riorientamenti e recupero addetti alla ricerca, azione12. Post dottorati);

- mezzogiorno (azione14. Pon e Mezzogiorno, azione15. Nord-Sud);

- internazionalizzazione (azione16. Internazionalizzazione);

- riforme di struttura (azione17. Università, azione18. Enti nazionali di ricerca).

Per ogni azione è stato stanziato un ammontare diverso di risorse, come si evince dalla fig. 24, dalla quale possiamo osservare in percentuale le varie quantità assegnate anche se non si prendono in considerazione i fondi PON per il Mezzogiorno.

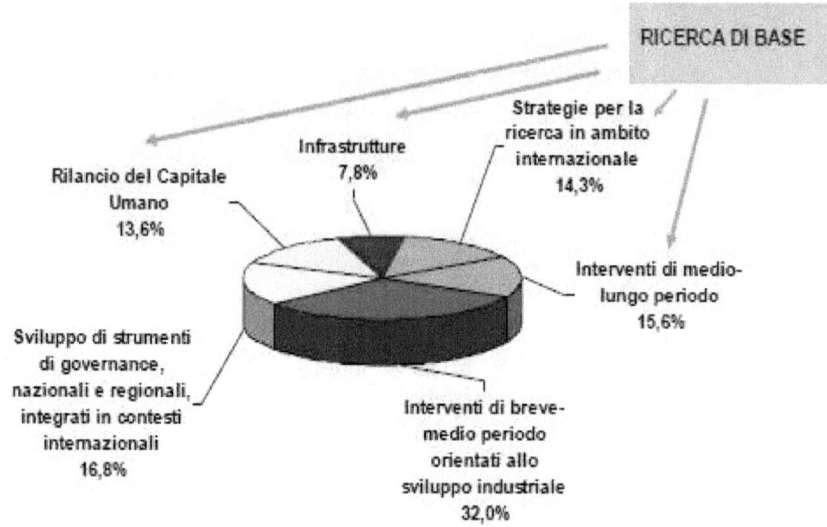

Figura 24 Percentuali di risorse assegnate alle diverse azioni del PNR

Tali risorse vengono stanziate da progetti e fondi dei vari Ministeri, e vengono utilizzati anche per sostenere tutte le attività che rientrano nel quadro delle politiche nazionali per la ricerca; i principali sono:

- PRIN (Programma di ricerca di rilevante interesse nazionale), avviato dal MIUR, prevede proposte di ricerca libere ed autonome delle Università[92] e del circuito pubblico

---

[92] La finanza pubblica è ancora la principale risorsa per il sistema universitario, anche se le istituzioni godono di crescente autonomia (didattica, finanziaria, gestionale, ecc.), il meccanismo di finanziamento si configura come un importante strumento delle politiche pubbliche per perseguire i propri obiettivi.

delle ricerca. L'orientamento è al progresso in senso lato delle conoscenze, per assicurare il flusso di nuove idee sulle quali costruire competenze distintive e più efficienti capacità di gestione dell'innovazione.

- FIRB (Fondo per gli investimenti in ricerca di base) è istituito dal MIUR per attuare le linee strategiche relative agli interventi prioritari per lo sviluppo di tecnologie chiave multisettoriali, in particolare connesse alle bioscienze ed alle nuove nanotecnologie dei materiali. Le attività mirano all'ampliamento delle conoscenze scientifiche e tecniche non connesse a immediati e specifici obiettivi commerciali o industriali, con l'obiettivo di potenziare la competitività internazionale del nostro Paese. La nuova specializzazione è: sviluppo della rete dei laboratori pubblico-privati di eccellenza sulla ricerca di base *mission-oriented*; sostegno all'agenda di ricerca sul medio-lungo periodo delle piattaforme tecnologiche nazionali; sviluppo di *joint-research labs* previsti in accordi internazionali; realizzazione di programmi strategici di ricerca di base *mission-oriented* vincolati alla partecipazione di Università, enti pubblici di ricerca ed imprese.

Il settore pubblico, infatti, non è più il gestore diretto delle Università (con un ruolo assimilabile a quello di un produttore), ma svolge, invece, quello di regolatore e finanziatore. G. Brosio, G. Muraro, Il finanziamento del settore pubblico, FrancoAngeli, Milano, 2006.

- FISR (Fondo integrativo speciale per la ricerca), è istituito dal MIUR allo scopo di finanziare specifici interventi di particolare rilevanza strategica, identificati nel Programma nazionale per la ricerca e dai successivi aggiornamenti, finalizzati al raggiungimento degli obiettivi della politica nazionale in favore dell'innovazione e dello sviluppo tecnologico. La missione del fondo consiste nel promuovere l'integrazione delle attività di ricerca che mirano all'ampliamento delle conoscenze scientifiche e tecniche non connesse a specifici ed immediati traguardi industriali o commerciali, da gestire in regime di cofinanziamento tra le amministrazioni dello Stato interessate alla realizzazione dei programmi ed i soggetti proponenti.

- FIT (Fondo per l'innovazione tecnologica) è istituito dal Ministero delle Attività produttive, costituisce il principale strumento di sostegno allo sviluppo tecnologico delle aziende italiane. Esso ha la precisa finalità di promuovere le attività di progettazione, sperimentazione, sviluppo e reindustrializzazione, unitamente considerate.

- FOE (Fondo per gli enti pubblici di ricerca) è regolamentato dall'art.11 della Legge n. 468/1978, ne beneficiano vari Enti pubblici di ricerca quali, ad esempio, il CNR, l'Istituto Nazionale di Fisica della Materia ed altri ancora. I finanziamenti riguardano progetti coerenti con le scelte del

PNR, su tematiche interdisciplinari e che siano in grado di attivare un forte partenariato pubblico-privato.

Inoltre, la Commissione Europea per ridurre la disparità tra le regioni ed i divari economici tra i cittadini, mette in atto la politica regionale e di coesione, in stretta collaborazione con gli Stati membri, realizzando una programmazione ogni sette anni. Per quanto riguarda l'Italia, nell'ultima programmazione 2007-2013 sono previsti quattro programmi operativi nazionali (PON), regionali (POR), interregionali (POI) e di cooperazione territoriale (PO).

Tra quelli nazionali è stato predisposto il PON ricerca e competitività, che finanzierà progetti nei campi della ricerca scientifica, dello sviluppo tecnologico, della competitività e dell'innovazione industriale. In particolare nel contesto scientifico-tecnologico della programmazione di tale PON, si parla chiaramente di due fenomeni che accelerano il cambiamento, ossia dal sovrapporsi di due diverse onde di sviluppo tecnologico: quella delle tecnologie legate all'ICT, il cui settore chiave è rappresentato dalla microelettronica, e dalla biotecnologia. L'impatto accumulato di queste due onde sta modificando in profondità tutto il sistema produttivo ed i comportamenti sociali. L'altro fenomeno è dato dalla diffusione tra i consumatori, soprattutto giovani, di atteggiamenti positivi verso l'innovazione. Essi non "consumano" tecnologia, ma "chiedono" tecnologia[93].

---

[93]Quadro strategico nazionale 2007-2013 per le Regioni della convergenza Programma operativo nazionale di ricerca e competitività.

A livello regionale i POR intervengono a favore delle regioni italiane in ritardo di sviluppo: Basilicata, Calabria, Campania, Puglia e Sicilia.

Il Programma operativo Regione Sicilia 2007-2013 si occupa anche del settore delle biotecnologie in due dei sette assi. L'asse 2 (Uso efficiente delle risorse naturali) in particolar modo, con gli obiettivi operativi relativi all'attivazione di filiere produttive di tecnologie energetiche, agro-energetiche e dei biocarburanti, per l'incremento dell'efficienza energetica e di filiere innovative, quali quelle delle biotecnologie e dei biomateriali per la riduzione della produzione e pericolosità dei rifiuti e delle emissioni inquinanti in atmosfera. L'asse 4 (Diffusione della ricerca, dell'innovazione e della società dell'informazione), cha sostiene l'obiettivo di promuovere e favorire la collaborazione tra sistema della ricerca e imprese, favorisce la cooperazione ed il trasferimento tecnologico prevalentemente nell'ambito di distretti tecnologici e *cluster* produttivi e introduce innovazioni presso le PMI, i consorzi di imprese ed i distretti produttivi.

Sia i PON che i POR sono finanziati dal Fondo Europeo di Sviluppo Regionale (FESR) e dal Fondo Sociale Europeo (FSE).

4.3. Le tipologie di investimento

La capacità di attrarre risorse finanziare è uno degli elementi fondamentali per lo sviluppo delle imprese *biotech*. Purtroppo, gli investitori specializzati sono soprattutto europei e ciò si ripercuote, come si evince dalla fig. 25, nel bilancio della situazione degli investimenti provenienti da Venture Capital[94] in Italia, che sono percentualmente inferiori rispetto a quelli dei principali Paesi europei. Tutto ciò è dovuto al sistema tradizionalista e non allineato[95] alla realtà di altri Paesi occidentali.

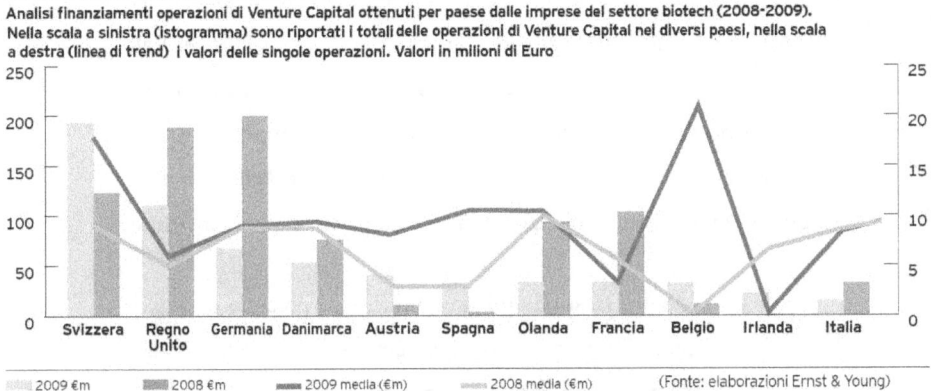

Analisi finanziamenti operazioni di Venture Capital ottenuti per paese dalle imprese del settore biotech (2008-2009). Nella scala a sinistra (istogramma) sono riportati i totali delle operazioni di Venture Capital nei diversi paesi, nella scala a destra (linea di trend) i valori delle singole operazioni. Valori in milioni di Euro

2009 €m   2008 €m   2009 media (€m)   2008 media (€m)   (Fonte: elaborazioni Ernst & Young)

Figura 25

---

[94] Venture Capital "il quale apporto finanziario è indirizzato verso imprese non quotate, giovani o ancora da costituire, generalmente orientate a *business* particolarmente innovativi e ad alto potenziale di sviluppo, tali da consentire, in prospettiva, un considerevole aumento del valore dell'investimento; esso generalmente assume la forma di una partecipazione di minoranza al capitale dell'impresa finanziata, spesso combinata con altri mezzi di sostegno finanziario, quali la sottoscrizione di titoli di debito, anche convertibili." Op. cit M. Sorrentino

[95] Mancanza di fondi (e laddove vi fossero tempi d'accesso assolutamente lontani dai parametri europei), politiche fiscali poco incentivanti, assenza di infrastrutture e sovrabbondanza di burocrazia.

151

Le imprese biotech, così come tutte le imprese ad alta tecnologia[96], sono caratterizzate dalla presenza di rilevanti livelli di incertezza[97], asimmetrie informative tra l'operatore che investe e l'imprenditore, potenziali comportamenti opportunistici (problema di azzardo morale, cioè quando l'imprenditore può essere spinto a comportamenti opportunistici, ossia ad aumentare i proprio benefici privati derivanti dalla conduzione dell'impresa a scapito degli azionisti, può adottare strategie con un livello di rischio elevato conscio che è supportato da terzi, può realizzare strategie diverse rispetto a quelle concordate con l'investitore[98]) ed infine, un ritorno finanziario di medio-lungo termine (in media intorno agli 8-10 anni) con il conseguente immobilizzo a lungo termine del capitale investito.

Tutto ciò fa si che gli investitori, non potendo effettuare le analisi economico-finanziarie di tipo retrospettivo[99], non possano quindi valutare e ponderare la scelta d'investimento.

• Sono quindi necessari gli investimenti istituzionali nel capitale di rischio attraverso l'intervento di operatori di private

---

[96] Facenti parte di settori quali aereospazio, *software*, medicale, elettronico, telecomunicazione e così via.

[97] Incertezza dovuta al progetto finanziario che è spesso legato a progetti di ricerca estremamente rischiosi o che comportano per l'investitore un rendimento inferiore rispetto ad altri progetti.

[98] Si ha azzardo morale o *moral hazard*, quando un operatore mette in atti comportamenti ignoti alla controparte, dichiarando intenzionalmente, ad esempio, caratteristiche del prodotto o del modo di produrre non corrispondente alla realtà, sapendo che non sarà facilmente dimostrabile il contrario. L. Pilati, Marketing agro-alimentare. UniService Editrice, Trento, 2004.

[99] Quali analisi finanziarie e giudizi sul bilancio d'esercizio e sul *business plan*.

equity[100], in particolare di *Venture Capital*, ossia "una forma di intermediazione finanziaria che trova le proprie ragioni d'essere nelle esigenze di finanziamento di imprese, generalmente in fase di *start-up*, in un contesto di notevole asimmetrie informative, in termini di valutazione da parte dei tradizionali finanziatori, circa l'opportunità di garantire loro un adeguato sostegno economico. Questo avviene a causa delle presenza di importanti differenze di set informativi tra ciò che è conosciuto dall'imprenditore o dal manager e ciò che è conosciuto dagli investitori, a qualunque titolo questi finanzino l'impresa. Queste imprese, infatti, sono tipicamente rivolte ad ambiti di *business* particolarmente avanzati dal punto di vista tecnologico, quali biotecnologie, tecnologie farmaceutiche, *software application*, che impongono una rilevante concentrazione delle risorse aziendali verso attività di ricerca e sviluppo sostanzialmente intangibili che, di

---

[100] Con l'investimento istituzionale nel capitale di rischio, si intende l'apporto di risorse finanziarie per un arco temporale medio-lungo, da parte di operatori specializzati, sotto forma di partecipazioni al capitale azionario o di sottoscrizione di titoli obbligazionari convertibili in azioni, in aziende dotate di un progetto competitivo e di un elevato potenziale di sviluppo. Congiuntamente ai mezzi finanziari, l'investitore istituzionale offre esperienze professionali, competenze tecnico-manageriali ed una rete di contatti con altri investitori ed istituzioni finanziarie. Ogni attività di investimento istituzionale nel capitale di rischio viene generalmente definita con il termine anglosassone di *venture capital* e *private equity*. Secondo la terminologie statunitense, l'attività di investimento istituzionale nel capitale di rischio, nella sua globalità, viene definita come *private equity* suddiviso in *venture capital* ed operazioni di *buy-out*, nella quale il *venture capital* è volto a finanziare principalmente le imprese ad elevato potenziale di crescita ed innovazione. In Europa, invece, la distinzione tra *venture capital* e *private equity* veniva ricondotta alla fase del ciclo di vita in cui l'impresa si trovava, in quanto il *venture capital* vero e proprio si riferiva al finanziamento dell'avvio di nuove imprese, mentre il *private equity* comprendeva le operazioni di investimento realizzate in fasi del ciclo di vita delle aziende succesive a quella iniziale. V. Cioli, Modelli di business e creazione di valore nella new economy. FrancoAngeli, Milano, 2005.

conseguenza, non possono rappresentare un valido strumento di garanzia per gli intermediari finanziari[101]".

- Esempi di investitori finanziari sono: gli *institutional venture capitalists* (società di *venture capital*, *merchants banks*, società finanziarie specializzate nelle partecipazioni, aziende di assicurazioni, fondi pensionistici e fondi comuni di investimento di tipo chiuso) i quali realizzano gli investimenti sotto forma di capitale di rischio mediante l'assunzione, la gestione e lo smobilizzo delle relative partecipazioni.; i *business angels*[102] (o investitori privati informali), sono spesso imprenditori ed investitori privati, i quali avendo a disposizione un elevato patrimonio personale, corrono rischi maggiori rispetto agli altri investitori (essi da un lato possono correre più rischio perché sono responsabili sono nei confronti di se stessi, però dall'altro lato hanno una disponibilità di capitale in assoluto inferiore e ciò li costringe ad investire su scala minore); i *corporate venture capitalists* ossia grandi gruppi industriali, i quali tendono a partecipare al capitale di piccole e medie imprese altamente specializzate e tecnologicamente avanzate, affinché possano esaminare specifici segmenti di mercato; infine abbiamo le banche[103].

---

[101] M. Andone, C. Bellavite Pellegrini e F. Graziadei. Il Venture Capital per lo sviluppo. Un'analisi delle economie emergenti. Vite e pensiero, Milano, 2006.

[102] In Italia questa figura di investitori sembra essere in fase embrionale, anche se il fenomeno sfugge a rilevazioni in quanto tende ad essere riservato.

[103] A livello Europeo è stata istituita la Banca europea per gli investimenti (BEI), che è l'istituto di credito a lungo termine dell'Unione europea, il quale fornisce capitale in forma di capitale di rischio facilitando anche l'accesso al credito bancario.

- Gli investimenti dei *venture capitalists* hanno carattere temporaneo di medio-lungo termine, poiché il loro intervento ha lo scopo di guidare l'impresa verso un processo di sviluppo ben strutturato, fino al raggiungimento di una consolidata fase di maturità finanziaria e manageriale (ovvero quando l'impresa sarà capace da sé ad attirare capitali). Durante questo processo il loro contributo non si limita al solo capitale finanziario ma anche mediante un rilevante supporto gestionale di indirizzo strategico (forniscono valide competenze professionali, tecnico-finanziarie, di *marketing*, di gestione manageriale ed assistenza di varia natura).

I *venture capitalist* possono utilizzare tre strumenti alternativi, l'acquisizione di quote di capitale (equità), il ricorso a titoli obbligazionari (debito), l'investimento in obbligazioni convertibili in azioni (debito convertibile); nella tabella n.7 si mettono in evidenza gli aspetti positivi e negativi dei singoli contratti.

Tabella 7 Elementi distintivi dei singoli contratti di finanziamento

	Aspetti positivi	Aspetti negativi
Equity	<ul><li>Consente maggiore controllo</li><li>uscita semplificata</li></ul>	<ul><li>diluizione dei diritti di proprietà dell'imprenditore (aumento del rischio di comportamenti</li></ul>

		opportunistici)
Debito	• conservazione proprietà per l'imprenditore • leverage incentive[104]	• più complessa remunerazione dell'investimento • irrigidimento della struttura finanziaria in presenza di interessi infraperiodali
Debito convertibile Elementi	• possibilità di controllo contingente	• diluizione diritti di proprietà • *signal jamming*[105]

---

[104] Al *manager* di un'impresa è concesso tipicamente un margine di discrezionalità nelle proprie scelte di indirizzo strategico. Tale discrezionalità può generare decisioni di allocazione delle risorse non ottimali per gli azionisti. In presenza di debito il rischio di crisi dell'impresa aumenta. Poiché gli effetti di una crisi ricadono in massima parte sul *manager*, in presenza di debito i benefici associati alla scelta di determinate azioni discrezionali, verrà posta a confronto con i costi derivanti dal fallimento/dissesto. Al crescere del volume di debito il *trade-off* risulta più marcato. Tale effetto è noto in letteratura come *leverage incentive effect*. V. Dagostino, problemi degli investimenti in venture capital con particolare riferimento al settore delle biotecnologie in "Economia e diritto del terziario" n 3/2006.

[105] Per *signal jamming* si intende in letteratura un insieme di azioni intraprese da un soggetto al fine di modificare le scelte di un soggetto terzo allorquando queste ultime dipendano dalla osservazione di un

addizionali rispetto al debito standard		

Fonte: V. Dagostino, 2005.

Una volta raggiunto il livello di sviluppo previsto ed il conseguente incremento del valore della società, i *venture capital* disinvestiranno secondo modalità diverse a seconda dell'impresa, dell'operazione in essere ed in base agli obiettivi raggiunti. Essi potranno utilizzare la quotazione in borsa dei titoli dell'impresa partecipata (IPO), la vendita ad un'altra impresa, ad un altro investitore istituzionale o ai soci ed infine il riacquisto della partecipazione da parte del gruppo imprenditoriale.

In Italia, nel settore biotecnologico, nonostante negli ultimi anni si sia notato un incremento degli investimenti in capitali di rischio, purtroppo ancora non esiste una vera e propria cultura dei *venture capital*, a differenza del contesto americano che risulta il più avanzato del mondo.

Analizziamo in dettaglio la situazione italiana basandoci su un campione di 55 imprese italiane dedicate alle biotecnologie, oggetto di indagine in "Le imprese biotech italiane. Strategie e performance" a cura di M. Sorrentino.

---

segnale.

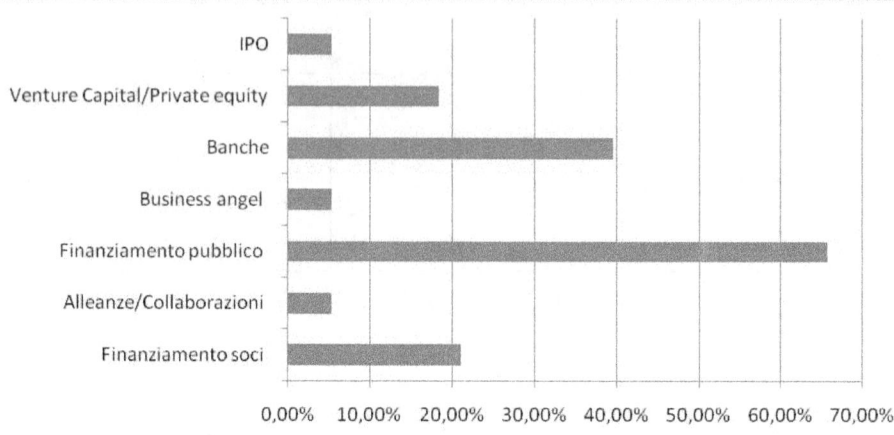

Figura 26 La diffusione delle diverse tipologie di fonti di finanziamento delle imprese biotech.

La fig.26 evidenzia come la maggior parte delle imprese *biotech* vengano supportate principalmente da finanziamenti pubblici (ben il 65%), a seguire, grazie al capitale di debito bancario[106] (39,5%), al finanziamento dei soci (21,1%) e infine al 18,4% dall'impiego di capitale di rischio proveniente da operatori di *venture capital*; Il ricorso ai *business angel* è ancor più inferiore (solo il 5,3%) ed è quantificabile allo stesso livello della quotazione in borsa (IPO).

---

[106] Stretto relazione tra piccole imprese e sistema bancario, tipica dei mercati finanziari italiani.

Le difficoltà derivano dall'incertezza relativa ai tempi ed all'entità dei rendimenti dei capitali investiti, dalla necessità di un ammontare maggiore di denaro ed a tutto ciò si aggiunge una mancanza di analisi del settore e di idonei strumenti di valutazione, la carenza normativa, che rende difficile la valorizzazione e la tutela della proprietà intellettuale[107]. In altri termini " mancano ancora le capacità e le risorse a livello igenico-sanitario, normativo-regolamentare, tecnico.-produttivo e brevettuale, le quali vanno gestite mediante un rigoroso approccio manageriale in ambito di selezione e gestione degli investimenti nei progetti, oltre che nell'ambito delle *expertieses*, dei brevetti e dei tempi di applicazione,ed, infine, degli *spin-off*[108] ".

La mancanza di operatori di *venture capital* qualificati disposti ad investire nei progetti che si trovano nelle fasi iniziali della ricerca, rappresenta un limite per lo sviluppo di un settore biotecnologico nazionale, oltre a minacciare la stessa sopravvivenza delle imprese già esistenti.

---

[107] Che risulta fondamentale per i *ventur capital* in quanto i costi relativi alla proprietà intellettuale in termini giuridici-legali potrebbero influire negativamente sia sul rating sia sulla detenzione della licenza commerciale.

[108] Op. cit V. Dagostina.

4.4 Le tutele brevettuali

Il brevetto "è un diritto esclusivo concesso per un'invenzione[109] (ad esempio un prodotto od un processo che fornisce un nuovo modo di realizzare qualcosa, o che offre una nuova soluzione tecnica per un problema). Esso offre protezione per un'invenzione per un periodo limitato, generalmente 20 anni a partire dalla data di deposito, nello Stato o negli Stati in cui esso è brevettato, in cambio della divulgazione pubblica dell'invenzione da parte dell'inventore. Il proprietario di un brevetto ha il diritto di decidere chi possa, o non possa, utilizzare l'invenzione brevettata, e può concedere ad altre parti il permesso (o concedere la licenza) di utilizzare l'invenzione sulla base di termini reciprocamente concordati. Il proprietario può anche vendere i diritti dell'invenzione a qualcun altro, che diventerà così il nuovo proprietario del brevetto[110] ".

Affinchè un'invenzione sia suscettibile di valida brevettazione, essa deve soddisfare i requisiti di novità (non è stata resa nota né in Italia né all'estero, ossia è necessaria la novità

---

[109] Contrapposta all'invenzione vi è la scoperta, non brevettabile, consiste nella descrizione o nell'interpretazione, basata sull'osservazione e sull'acquisizione di dati, di un fenomeno o di un oggetto già esistente in natura, ma precedentemente non spiegabile. La distinzione fra scoperta ed invenzione è di massimo rilievo, poiché la disciplina prevede che le scoperte non possono essere considerate alla stregua di invenzioni e dunque non sono brevettabili.

[110] D.Pallini Brevetti e impresa. Come proteggere e valorizzare l'innovazione industriale. Notarbartolo e Gervasi, Torino, 2008.

160

assoluta), di originalità (deve consistere in un momento creativo, ossia deve risolvere problemi fino ad allora insoluti), di industrialità (la possibilità o l'attitudine ad un'applicazione industriale)[111], ed infine di liceità (non devono essere contrarie all'ordine pubblico ed al buon costume).

In particolare per il settore chimico e biotecnologico si considera invenzione brevettabile "la scoperta di una sostanza, un microrganismo o altro materiale biologico[112] pre-esistente in natura, se associata al suo isolamento dal contesto naturale ed alla identificazione della sua struttura chimica o morfologica, cessa di essere considerata scoperta e diventa invenzione brevettabile[113]".

Il primo brevetto ottenuto per il settore delle biotecnologie risale al 1980 ad opera dell'Ufficio Brevetti e Marchi degli Stati Uniti[114] per un organismo ottenuto attraverso il sistema del DNA ricombinante. Si dovrà attendere il 1989 per il primo brevetto europeo concesso dall'UEB[115] relativo ad organismi vegetali.

---

[111] Per quest'ultimo requisito è obbligatorio che nella domanda di richiesta brevettuale venga specificamente indicato un concreto utilizzo dell'invenzione ed è necessaria la ripetibilità.

[112] Quale ad esempio materiale contenete informazioni di natura genetica e materiale biologico estraneo al proprio ambiente naturale o riprodotto in vitro grazie ad un procedimento tecnico.

[113] Op. cit. D. Pallini.

[114] Seguirono nel 1985 il primo brevetto per lo sfruttamento di piante e nel 1987 il riconoscimento del diritto d'invenzione per un'ostrica modificata geneticamente.

[115] Ufficio Europeo dei Brevetti (UEB). Negli anni a venire sono stati concessi brevetti per parti di corpo umano, quali sequenze di DNA, linee cellulari, tessuti e proteine.

Fino a pochi anni fa in ambito europeo vi era l'assoluta mancanza di una normativa specifica relativa alle invenzioni biotecnologiche. Il quadro normativo era difatti caratterizzato dalla sola presenza delle seguenti Convenzioni internazionali ed europee:

- La Convenzione UPOV (Union internationale pour la Protection des Obtentions Vegetales)[116] siglata a Parigi nel 1961. In tale accordo vengono delineati i diritti di proprietà intellettuali, simili a quelli garantiti dal brevetto di cui si ricalca lo schema, a favore dei costruttori di nuove varietà vegetali, riconoscendo a tali soggetti il diritto esclusivo di mettere in commercio varietà che presentano caratteristiche di novità, uniformità e stabilità.

- La Convenzione di Strasburgo siglata nel 1963, con la quale si unificarono alcuni elementi del diritto dei brevetti di invenzione con particolare attenzione ai procedimenti microbiologici ed ai loro prodotti.

- La Convenzione sul Brevetto europeo[117] (CBE) firmata a Monaco nel 1973 e sottoscritta da 19 Paesi Europei, ha dato vita all'Ufficio Europeo dei Brevetti (EPO) competente al

---

[116] Unione per la Protezione delle Novità Vegetali.

[117] "la quale, pur restando un punto di riferimento essenziale in materia, ha previsto una disciplina estremamente restrittiva per tali invenzioni, incentivando di fatto la fuga di cervelli europei (nonché delle invenzioni aventi ad oggetto materiali biologici) oltreoceano, dove vi era, e vi è ancora, una realtà giuridica più favorevole di quella europea. G. Ghidini e G. Cavani. Brevetti e biotecnologie. Luiss University Press, Roma, 2008.

162

rilascio di quest'ultimi. Ma non si può parlare di un brevetto europeo sovrannazionale, poiché la procedura viene svolta in piena autonomia decisionale e di risorse da parte dell'EPO, ma per ottenere praticamente il diritto di esclusiva è necessaria la convalida a livello nazionale[118].

- La Convenzione sulla Diversità Biologica (CDB) firmata a Rio de Janeiro nel 1992, tutela la conservazione della biodiversità e l'equa condivisione dei benefici derivanti dall'uso delle risorse genetiche. "L'espressione diversità biologica indica la variabilità degli organismi viventi di qualsiasi fonte, inclusi tra l'altro gli ecosistemi terrestri, marini e gli altri ecosistemi acquatici e i complessi ecologici dei quali fanno parte; comprende la diversità nell'ambito di ciascuna specie, tra le specie, nell'ambito dei sistemi[119]".

- L'Accordo TRIPs siglato a Marrakesh nel 1994, è un punto di estrema importanza per la futura normativa poiché regolamenta in modo uniforme i criteri di protezione della proprietà intellettuale a livello internazionale. Di particolare importanza è l'art. 27 che stabilisce che "gli Stati aderenti dovranno prevedere la possibilità di ottenere brevetti per ogni tipo di invenzione sia essa di prodotto o di procedimento, in tutti i campi della tecnologia, purchè essa sia nuova, originale e suscettibile di applicazione industriale[120]

---

[118] Si sta lavorando al futuro brevetto europeo sovrannazionale.
[119] Op. cit. G. Ghidini e G. Cavani.

". Sempre l'art.27 "ha previsto, poi, che gli Stati membri fossero liberi di escludere dalla brevettabilità le invenzioni il cui sfruttamento commerciale debba essere impedito per motivi di moralità pubblica, anche per proteggere la vita o la salute dell'uomo. Restano escluse dal sistema brevettuale piante ed animali[121]".

A causa di forti polemiche riguardanti la brevettabilità della materia vivente, agli elementi genetici di origine umana ed alla distinzione, nel settore delle sequenze del DNA, tra scoperte non tutelabili ed invenzioni brevettabili, sono passiti ben dieci anni prima che si arrivasse alla redazione ed all'approvazione del testo della Direttiva 98/44/CE.

Con tale direttiva "il legislatore comunitario in un certo senso voleva consolidare la posizione delle invenzioni biotecnologiche, come evidenziano i 56 "considerando"[122] che costituiscono la base e la prospettiva metodologica utilizzata per la definizione della materia, là dove ci si riferisce sia allo sviluppo e al ruolo crescente che acquisiscono le biotecnologie e l'ingegneria genetica, sia alla necessità dei consistenti investimenti che devono essere stanziati per la ricerca, sia alla constatazione che la protezione efficace ed

---

[120] G.Aglialoro. il diritto delle biotecnologie. Dagli accordi trips alla direttiva n 98/44. G. Giappichelli editore, Torino, 2006.
[121] W. D'Avanzo. Le biotecnologie e la brevettabilità di organismi viventi in Diritto e giurisprudenza agraria, alimentare e dell'ambiente n°1/2008 pp.18.
[122] La Direttiva si suddivide in un preambolo piuttosto esteso, articolato in ben 56 "considerando", ed in un testo piuttosto breve che consta di appena 18 articoli.

armonizzata in tutti gli stati membri è essenziale al fine di mantenere e promuovere gli investimenti nel settore della biotecnologia[123]".

Tale direttiva è divisa in cinque capitoli: 1- brevettabilità della materia vivente;   2- l'ambito della protezione; 3- il sistema delle licenze; 4- il deposito del materiale biologico; 5- le disposizioni conclusive.

Essa enuclea i principi relativi alla brevettabilità, infatti "stabilisce che le sequenze di DNA ed i geni sono brevettabili purchè isolati dal loro contesto naturale, caratterizzati chimicamente e per i quali si sia identificata e descritta la funzione o utilità industriale. Piante ed animali geneticamente modificati sono brevettabili, ma non in forma di varietà. Sono escluse tutte le tecniche di modifica genetica dell'animale che comportino sofferenza per lo stesso, senza apportare beneficio all'uomo o all'animale stesso. È esclusa la brevettazione dell'uomo in qualsiasi stadio del suo sviluppo, incluso quello embrionale. Sono escluse dalla brevettazione le tecniche di clonazione umana (cioè quella con finalità eugenetiche), le modifiche della linea germinale umana, mentre sono ammesse quelle sulle cellule somatiche, che hanno applicazione terapeutica (terapia genica)[124]".

---

[123] P.Izzo. La disciplina delle biotecnologie e la tutela della "dignità umana": la protezione giuridica delle invenzioni biotecnologiche in "Rassegna di diritto civile" n 4/2007 pp.1186.
[124] Op. cit. D. Pallini.

Sin dall'inizio del testo normativo però si precisa che "gli Stati membri proteggono le invenzioni biotecnologiche tramite il diritto nazionale dei brevetti" e che "non si intende creare un diritto specifico che si sostituisca al diritto nazionale in materia di brevetti".

Essa infatti stabilisce che tutti gli Stati membri dovevano recepire tale direttiva entro il luglio del 2000. A seguito di tale scadenza la Commissione europea ha citato in giudizio nel luglio 2003 Germania, Austria, Belgio, Francia. Italia, Lussemburgo, Paesi Bassi e Svezia per mancato recepimento.

Le autorità italiane da un lato ritenevano il diritto interno dei brevetti già conforme alla direttiva, dall'altro segnalavano che la preparazione dei provvedimenti necessari per la piena attuazione della direttiva stessa si trovava ad uno stadio avanzato. La Commissione, considerando comunque insoddisfacenti tali elementi, ha deciso il ricorso alla Corte di giustizia che ha condannato l'Italia con sentenza del 16 giugno 2005. Il 13 dicembre 2005 la Commissione, ai sensi dell'art. 228 del Trattato CE ha inviato all'Italia una lettera di messa in mora complementare, non essendosi conformata alla suddetta sentenza della Corte di giustizia.

Per risolvere la questione è stato quindi emanato il decreto-legge 10 gennaio 2006, n. 3, recante *"Attuazione della direttiva 98/44/CE in materia di protezione giuridica delle invenzioni biotecnologiche"*. Il decreto è stato convertito, con modificazioni, dalla legge 22 febbraio 2006, n. 78[125].

Tale legge individua come elementi brevettabili:

-   un materiale biologico;
-   un procedimento tecnico attraverso il quale viene prodotto, lavorato o impiegato   materiale biologico;
-   qualsiasi applicazione nuova di un materiale biologico; un'invenzione relativa ad un elemento isolato dal corpo umano o diversamente prodotto, mediante un procedimento tecnico[126];
-   un'invenzione riguardante piante o animali ovvero un insieme vegetale, caratterizzato dall'espressione di un determinato gene e non dal suo intero genoma, se la loro applicazione non è limitata, dal punto di vista tecnico, all'ottenimento di una determinata varietà vegetale o specie animale e non siano impiegati, per il loro ottenimento, soltanto procedimenti essenzialmente biologici.

Sono, invece, esclusi dalla brevettabilità:

-   il corpo umano, sin dal momento del concepimento e nei vari stadi del suo sviluppo, nonché la mera scoperta di uno degli elementi del corpo stesso, ivi compresa la sequenza o la sequenza parziale di un gene, al fine di garantire che il diritto brevettuale sia esercitato nel rispetto dei diritti

---

[125]Pubblicata nella Gazzetta ufficiale n.58 del 1°marzo 2006.
[126] Per procedimento tecnico si intende quello che soltanto l'essere umano è capace di mettere in atto e che la natura di per se stessa non è in grado di compiere.

fondamentali sulla dignità e l'integrità dell'essere umano e dell'ambiente;

- i metodi per il trattamento chirurgico o terapeutico del corpo umano o animale e i metodi di diagnosi applicati al corpo umano o animale;

- le invenzioni il cui sfruttamento commerciale è contrario alla dignità umana, all'ordine pubblico e al buon costume, alla tutela della salute, dell'ambiente e della vita delle persone e degli animali, alla preservazione dei vegetali e della biodiversità ed alla prevenzione di gravi danni ambientali[127], in conformità ai principi contenuti nell'articolo 27, paragrafo 2, dell'Accordo sugli aspetti dei

---

[127] Tale esclusione riguarda, in particolare: ogni procedimento tecnologico di clonazione umana; i procedimenti di modificazione dell'identità genetica germinale dell'essere umano; ogni utilizzazione di embrioni umani, ivi incluse le linee di cellule staminali embrionali umane; i procedimenti di modificazione dell'identità genetica degli animali, atti a provocare su questi ultimi sofferenze senza utilità medica sostanziale per l'essere umano o l'animale, nonché gli animali risultanti da tali procedimenti; le invenzioni riguardanti protocolli di screening genetico, il cui sfruttamento conduca ad una discriminazione o stigmatizzazione dei soggetti umani su basi genetiche, patologiche, razziali, etniche, sociali ed economiche, ovvero aventi finalità eugenetiche e non diagnostiche; una semplice sequenza di DNA, una sequenza parziale di un gene, utilizzata per produrre una proteina o una proteina parziale, salvo che venga fornita l'indicazione e la descrizione di una funzione utile alla valutazione del requisito dell'applicazione industriale e che la funzione corrispondente sia specificatamente rivendicata; le varietà vegetali e le razze animali, nonché i procedimenti essenzialmente biologici di produzione di animali o vegetali; le nuove varietà vegetali rispetto alle quali l'invenzione consista esclusivamente nella modifica genetica di altra varietà vegetale, anche se detta modifica è il frutto di procedimento di ingegneria genetica.

diritti di proprietà intellettuale attinenti al commercio (TRIPS).

La domanda di brevetto deve essere depositata presso l'Ufficio italiano brevetti e marchi, che effettuerà una valutazione inizialmente formale e successivamente svolgerà un esame dal punto di vista di requisiti sostanziali[128]. In quest'ultimo esame può richiedere il parere del Comitato nazionale per la biosicurezza e le biotecnologie. Dopo l'esito positivo di queste fasi l'ufficio rilascerà una licenza obbligatoria che è però condizionata dal pagamento di un canone determinato ai sensi degli artt. 71 e 72 del D.lg. 10 febbraio 2005 n. 30.

Il brevetto risulta quindi il miglior strumento per tutelare i diritti sui ritrovati biotecnologici, poiché riesce sia a combattere le appropriazioni abusive, sia a non inibire la ricerca scientifica. Proprio grazie allo strumento del brevetto, difatti l'inventore ottiene una tutela legale che costituisce un triplice diritto: il diritto morale alla paternità dell'invenzione, il diritto a vedersi concedere dagli organi competenti il rilascio del brevetto ed infine il diritto di privativa industriale[129].

Già nel XVIII secolo si delineava l'importanza dei brevetti per lo sviluppo scientifico, economico e tecnologico, l'allora Presidente degli Stati Uniti d'America Abraham Lincoln sottolineò la

---

[128] Tale esame varierà in base alla tipologia dell'invenzione ossia se riguarda materiale biologico di origine animale, vegetale o umana.
[129] il diritto di privativa industriale consiste nel vietare ai terzi di attuare l'invenzione brevettata per un arco di tempo ventennale.

loro importanza affermando che: "The patent system added the fuel of interest to the fire of genius[130]".

I brevetti stimolano lo sviluppo economico e tecnologico e promuovono la competizione creando una motivazione economica per l'invenzione. Infatti, essi, forniscono all'inventore l'opportunità di guadagnare su diversi livelli: la possibilità di recuperare i costi sostenuti nello sviluppo dell'invenzione (capitali, tempo, attrezzature e lavoro); la maggiore possibilità di riuscire a realizzare un profitto dalle vendite dei prodotti che incorporano l'invenzione[131]; la possibilità di ottenere ricavi dalla concessione in licenza o dalla cessione.

La possibilità di guadagno e la protezione ottenuta, rendono il brevetto uno strumento efficace sia per attrarre investimenti nell'ambito della R&S che per incentivare gli inventori stessi nel realizzare nuove invenzioni. Per meglio dire la protezione brevettuale rappresenta la soluzione più adatta per incoraggiare la ricerca e l'innovazione e trarre vantaggio dal potenziale positivo della scienza della vita e della biotecnologia.

Agli aspetti positivi sopra evidenziati, bisogna mettere in luce anche gli elementi di criticità, difatti "se da un lato, la forte protezione brevettuale è sicuramente fondamentale per l'investimento

---

[130] il sistema dei brevetti ha aggiunto il combustibile dell'interesse alla fiamma del genio.

[131] Tale profitto dipende dal fatto che l'invenzione migliori effettivamente la desiderabilità del prodotto.

nella ricerca, strumentale per incentivare i ricercatori e bilanciare i loro interessi con quelli delle imprese, dall'altro l'utilizzo di questo sistema non deve diventare un modo per eludere il mantenimento di standard qualitativi o per limitare la diffusione di trovati con effetti potenzialmente vantaggiosi. La comparazione tra opera dell'uomo e forza della natura richiede che la protezione brevettuale difenda e tuteli l'attività di ricerca, per evitare situazioni di privilegio limitative della competitività, dello sviluppo e dei principi della dignità umana[132] ".

Inoltre a livello nazionale, i costi di deposito e mantenimento dei brevetti, essendo ingenti, fanno si che spesso brevetti relativi a progetti altamente innovativi e di innegabile qualità vengano abbandonati.

---

[132] Op. cit. P. Izzo.

Capitolo 5

Il Ruolo dei Parchi Scientifici e Tecnologici: caso empirico

5.1 Il ruolo dei Parchi Scientifici e Tecnologici

I parchi scientifici sono luoghi dove si cerca di creare le condizioni ottimali per coltivare e far crescere l'innovazione. Essi, infatti, cercano di supportare i bisogni di crescita delle imprese innovative, offrendo servizi ed infrastrutture più o meno assenti nel territorio nel quale sono insediati. Così facendo, pertanto, i PST svolgono una varietà di ruoli, i cui effetti si ripercuoto su un duplice livello: territoriale e di impresa.

A livello territoriale, contribuiscono a diversificare la struttura e la composizione settoriale del sistema produttivo locale, promuovendo la trasformazione da settori maturi e stagnanti in settori con forti potenzialità di crescita. In tal senso essi rappresentano uno strumento dello sviluppo locale e regionale al quale, negli ultimi decenni, molti policy makers hanno fatto ricorso[133]. Essi, inoltre, sono uno strumento per stimolare investimenti di ricerca e sviluppo e per migliorare la competitività dell'impresa.

A livello d'impresa l'insediamento presso un PST consente di beneficiare di una varietà di servizi reali, tra i quali figurano:

- Servizi di natura finanziaria. Essi includono facilitazioni di accesso ai finanziamenti pubblici, assistenza negli adempimenti burocratici e nella presentazione delle domande di contributo, partenariati con banche private o

---

[133] Non è un caso, infatti, che in Italia figurano più di trenta PST, con proprietà prevalentemente pubblica, sorti in larga maggioranza nell'ultimo decennio.

società di venture capital. Soprattutto nella prima fase di investimento, poiché le imprese, spesso, non sono in grado di dialogare con gli investitori di capitale di rischio, le preparano alla comprensione di che cosa significa un tale investimento e alla valutazione delle condizioni di rischio ed onerosità delle fonti di finanziamento. Inoltre le supportano nel presentarsi agli investitori.

- Servizi commerciali. La capacità di crescita delle imprese biotech richiede di prestare attenzione non solo ai processi di creazione del valore (value creation), ma anche a quelli di appropriazione del valore (rent appropriation). In tal senso i PST forniscono servizi di informazioni pratiche e giuridiche sul mondo dei Marchi e dei Brevetti, effettuano indagini e ricerche su banche dati specializzate al fine di valutare la novità dell'invenzione presentata e l'opportunità di una sua protezione, supportano l'attività procedurale di brevettazione dei risultati della ricerca e favoriscono gli accordi di licensing per il trasferimento tecnologico.

- Servizi di networking. I PST stimolano l'attivazione di accordi di collaborazione sia con l' Università e i centri di eccellenza[134], al fine di valorizzare le competenze disponibili presso questi ultimi o che il territorio offre già, sia con i partner commerciali e sostengono il reclutamento di giovani ricercatori e/o figure professionali con competenze

---

[134] Aumentano il tasso di cooperazione e d'interdipendenza tra le imprese, le Università ed i centri di ricerca a livello locale ed internazionale.

manageriali. In questo caso i servizi offerti sono diretti ad alimentare ed a sviluppare le capacità relazionali degli imprenditori incubati. Affinché il trasferimento di tali servizi sia efficace, occorre però che il gruppo imprenditoriale sia in grado di assorbire il sistema di relazioni attivato dal PST, il che implica lo sviluppo di capacità relazionali autonome[135].

Il modo in cui le imprese si rapportano al PST dipende dalla loro dimensione. Una piccola impresa trova nel Parco un' ambiente in cui è molto più facile crescere per tre diversi ordini di motivi:

1. Il PST è, in realtà, un gigantesco incubatore che permette di facilitare tutta una serie di passi che nei primi anni di vita di un'impresa risultano essere particolarmente critici se non addirittura fatali;

2. La vicinanza di infrastrutture di ricerca, di laboratori attrezzati e di momenti di socialità facilita non solo l'interazione fra impresa-impresa e impresa-centro di ricerca ma abbassa i costi di gestione, dato che le imprese non devono sostenere grossi investimenti che sono trasferiti al PST che li condivide fra più utenti;

3. All'interno dei PST possono essere più facilmente identificate delle imprese partner, non solo sotto il profilo

---

[135] M. Sorrentino, Le nuove imprese, Cedam, 2003, pp. 145-146.

commerciale ma anche sotto quello finanziario. Spesso i PST, infatti, sono la sede di operatori finanziari di rischio.

Una grande imprese può ritenere conveniente insediarsi in un PST per altrettanti ordini di motivi:

1. All'interno di un PST trova facilmente delle imprese medio piccole con cui   lavorare: in particolare nel settore bicotecnologico gran parte delle innovazioni provengono da imprese medio-piccole, mentre quelle medio grandi possiedono le competenze per lo sviluppo nonché la conoscenza del mercato;

2. I contatti con i centri di ricerca possono assumere quelle forme innovative come   quelle dei laboratori misti impresa-università che aiutano e supportano in modo sinergico la vita di una grande impresa.

3. In un PST può identificare degli spazi che hanno presentano, dal punto di vista dei costi, dei vantaggi rispetto ad insediamenti stand alone al di fuori del parco.

I PST possono, inoltre, favorire la trasformazione di un'idea in un'iniziativa imprenditoriale. Se l'idea è già confezionata i PST posseggono al loro interno dei percorsi di incubazione e degli incubatori ossia delle aree attrezzate per ospitare le imprese neo-nate; in questo caso il parco supporta la nascita dell'impresa e la presenta ad eventuali capitalisti, invece nel caso in cui l'idea non sia ancora pronta ad essere trasformata in impresa il PST può fornire sia dei servizi finalizzati ad identificare il percorso che poi porta alla creazione di quest'ultima sia ,nei casi specifici in cui esista un interesse diretto, può collaborare con il ricercatore in una fase di ricerca applicata che può sfociare in una nuova impresa o in un'attività di trasferimento tecnologico.

Il settore biotech in Italia presenta alcuni punti di debolezza così individuabili:

- Necessità di un livello di investimento iniziale superiore agli altri comparti industriali;
- Elevato rischio di fallimento e ritorni sul lungo periodo;
- Investitori istituzionali assenti;
- Investitori specializzati in maggioranza stranieri;
- Competenze specifiche difficilmente reperibili sul territorio nazionale;
- Insufficiente interazione tra mondo accademico ed industria.

I Parchi Scientifici e Tecnologici svolgono un ruolo fondamentale nell'ovviare a questi punti di debolezza.

5.2 Indagine empirica

Al fine di verificare empiricamente il ruolo dei Parchi Scientifici e Tecnologici ho condotto un'indagine su un campione di sessanta imprese biotech[136], variamente dislocate nel territorio

---

[136] Scelto in maniera random.

italiano[137]. I dati sono stati estratti dalla banca dati AIDA[138] ed eleborati tramite il programma Microsoft Office Excel 2007. Essa si basa sulla valutazione delle performance differenziali fra un sub-campione di trenta imprese incubate in PST ed un altro sub-campione di eguale numerosità di imprese non incubate.

Tabella 8 Lista delle imprese biotecnologiche.

RAGIONE SOCIALE	ANNO DI COSTITUZIONE	INCUBAZIONE	CODICE ATECO 2007
Abc farmaceutici s.p.a. Siglabile ABC	2000	NO	Fabbricazione di medicinali e altri preparati farmaceutici
Abiogen Pharma s.p.a.	1996	NO	Fabbricazione di medicinali e altri preparati farmaceutici
Actimex s.r.l.	2000	Area Science Park	Fabbricazione di prodotti chimici e di fibre sintetiche

[137] La maggior parte delle imprese sono lombarde, regione che presenta il maggior tasso di concentrazione delle imprese biotech italiane.
[138] AIDA contiene informazioni dettagliate sulle società italiane per attività di ricerca, analisi creditizia e finanziaria, sviluppo commerciale e marketing.

			e artificiali
Aethia s.r.l.	2000	Bioindustry Park Canavese	Produzione di software non connesso all'edizione
Alk Abello s.p.a.	1979	NO	Fabbricazione di medicinali e altri preparati farmaceutici
Allergy Therapeutics Italia s.r.l.	1988	NO	Fabbricazione di medicinali e altri preparati farmaceutici
Alphagenics diaco biotechnologies s.r.l.	1996	Area Science Park	Fabbricazione di medicinali ed altri preparati farmaceutici
Ape research s.r.l.	1996	Area Science Park	Fabbricazione di strumenti e apparecchi di misurazione, prova e

			navigazione
Areta International s.r.l.	1999	Toscana life science	Ricerca e sviluppo sperimentale nel campo delle scienze naturali e dell'ingegneria
Axxam s.p.a.	2001	Sardegna Ricerche	Ricerca e sviluppo sperimentale nel campo delle scienze naturali e dell'ingegneria
Bellco s.r.l.	2008	NO	Commercio all'ingrosso di articoli medicali ed ortopedici
Biodiversity s.p.a.	2002	Sardegna Ricerche	Collaudi e analisi tecniche di prodotti
Biofarmitalia s.p.a.	1992	Sardegna Ricerche	Fabbricazione di prodotti per toletta: profumi, cosmetici, saponi

			e simili
Bionucleon s.r.l.	2005	Bioindustry Park Canavese	Ricerca e sviluppo sperimentale nel campo delle scienze naturali e dell'ingegneria
Biorep s.r.l.	2003	NO	Fabbricazione di attrezzature di uso non domestico per la refrigerazione e la ventilazione; fabbricazione di condizionatori domestici fissi
Biosphere s.p.a.	2001	NO	Fabbricazione di altri prodotti chimici
Biotrack s.r.l.	2005	Parco tecnologico Padano	Collaudi e analisi tecniche di prodotti
Bouty s.p.a. in forma estesa s.p.a. italiana	1939	NO	Fabbricazione di prodotti

laboratori bouty			farmaceutici di base
Bracco Imaging s.p.a.	1985	Area Science Park	Fabbricazione di medicinali ed altri preparati farmaceutici
Celbio s.p.a.	1983	area Science Park	Commercio all'ingrosso di articoli medicali ed ortopedici
Cell Therapeutics Europe s.r.l.	2004	NO	Ricerca e sviluppo sperimentale nel campo delle scienze naturali e dell'ingegneria
Cosmo Pharmaceuticals s.p.a.	2006	Parco Scientifico e Tecnologico della Sicilia	Attività delle holding impegnate nelle attività gestionali (holding operative)
Creabilis therapeutics s.r.l.	2003	Bioindustry Park Canavese	Ricerca e sviluppo sperimentale nel

			campo delle scienze naturali e dell'ingegneria
Diatheva s.r.l.	1995	NO	Fabbricazione di prodotto i chimici vari per uso industriale
Dompè Pharma s.p.a.	2005	Parco tecnologico Padano	Fabbricazione di prodotti farmaceutici di base e di preparate farmaceutici
EOS (Ethical Oncology Science) s.p.a.	2006	Parco tecnologico Padano	Ricerca e sviluppo sperimentale nel campo delle scienze naturali e dell'ingegneria
Etna Biotech s.r.l.	2001	Parco Scientifico e Tecnologico della Sicilia	Ricerca e sviluppo sperimentale nel campo delle scienze naturali e dell'ingegneria

Euroclone s.p.a	1985	Area Science Park	Commercio all'ingrosso di articoli medicali ed ortopedici
Exenia Group s.r.l.	2009	NO	Ricerca e sviluppo sperimentale nel campo delle scienze naturali e dell'ingegneria
Farmila - Thea farmaceutici s.p.a	1984	NO	Fabbricazione di medicinali e altri prodotti farmaceutici
Fastes s.r.l.	2007	Parco tecnologico Padano	Ricerca e sviluppo sperimentale nel campo delle scienze naturali e dell'ingegneria
Fidia advanced biopolymers - s.r.l.	1992	NO	Ricerca e sviluppo sperimentale nel campo delle scienze naturali e

183

			dell'ingegneria
FKVs.r.l.	1987	NO	Commercio all'ingrosso di strumenti e attrezzature di misurazione per uso scientifico
Ge Healthcare s.r.l.	1992	NO	Ricerca e sviluppo sperimentale nel campo delle scienze naturali e dell'ingegneria
Gentium s.p.a.	1993	NO	Fabbricazione di medicinali e altri preparati farmaceutici
Helth Robotics s.r.l.	2006	Area Science Park	Fabbricazione di strumenti per l'irradiazione, apparecchiature elettromedicali ed elettroterapeutiche

Incura s.r.l.	2001	Parco tecnologico Padano	Ricerca e sviluppo sperimentale nel campo delle scienze naturali e dell'ingegneria
Ital Tbs telematics & biomedical services s.p.a.	1987	Area Science Park	Installazione di impianti.
Lamberti s.p.a.	1979	NO	Fabbricazione di prodotti chimici di basi, di fertilizzanti e composti azotati, di materie plastiche e gomma sintetica in forme primarie
Lofarma s.p.a.	1945	NO	Fabbricazione di medicinali e altri preparati farmaceutici
Molmed s.p.a.	1996	Parco scientifico Biomedico San	Ricerca e sviluppo sperimentale nel campo delle

		Raffaele	scienze naturali e dell'ingegneria
Molteni Therapeutics s.r.l.	2006	Parco Scientifico TLS	Ricerca e sviluppo sperimentale nel campo delle scienze naturali e dell'ingegneria
Ozono Elettroncia internazionale s.r.l.	1970	NO	Fabbricazione di strumenti per l'irradiazione, apparecchiature elettromedicali ed elettroterapeutiche
Phylogen s.p.a.	1996	NO	Ricerca e sviluppo sperimentale nel campo delle scienze naturali e dell'ingegneria
Phytoremedial s.r.l.	2007	Parco tecnologico Padano	Ricerca e sviluppo sperimentale nel campo delle scienze naturali e dell'ingegneria

Prion Diagnostica s.r.l.	2000	Parco Scientifico e Tecnologico della Sardegna	Fabbricazione di prodotti farmaceutici e di prodotti chimici e botanici per usi medicinali
Promega Italia s.r.l.	1997	NO	Commercio all'ingrosso di articoli medicali ed ortopedici
Protogen	2005	NO	Realizzazione di software non connesso all'edizione
Reserarch & innovation s.p.a.	2007	NO	Ricerca e sviluppo sperimentale nel campo delle scienze naturali e dell'ingegneria
Rottapharm Biotech	1999	Area Science Park	Ricerca e sviluppo sperimentale nel campo delle scienze naturali e

			dell'ingegneria
Sekmed s.r.l.	2002	NO	Ricerca e sviluppo sperimentale nel campo delle scienze naturali e dell'ingegneria
Sentinel Ch. s.p.a.	1983	NO	Fabbricazione di prodotti chimici vari per uso industriale
Siena Biotech s.p.a.	2000	NO	Ricerca e sviluppo sperimentale nel campo delle scienze naturali e dell'ingegneria
Sorin biomedica cardio s.r.l.	1988	NO	Fabbricazione di mobili per uso medico, apparecchi medicali per diagnosi, di materiale medico-

			chirurgico
Sorin Group Italia s.r.l.	1992	NO	Fabbricazione di mobili per uso medico, apparecchi medicali per diagnosi, di materiale medico-chirurgico
Tecnoalimenti socieatà consortile per azioni	1981	NO	Ricerca e sviluppo nel campo delle scienze naturali e dell'ingegneria
Tecnogen s.p.a.	1987	Parco scientifico Piana di Monte Verna	Fabbricazione di medicinali, preparati farmaceutici, cerotti e simili
Tubilux Pharma s.p.a.	1997	Parco tecnologico Sophia Antipolis	Fabbricazione di prodotti farmaceutici di base

Xeptagen s.p.a.	1999	Parco scientifico VEGA	Fabbricazione di strumenti e forniture mediche e dentistiche

La mia analisi ha preso in considerazione le seguenti prospettive:

- Dimensionale (numero dei dipendenti e fatturato);
- Temporale (anno di costituzione);
- Di innovazione (diritto di brevetto e costi di ricerca e sviluppo);
- Reddituale (ROE);
- Finanziaria (indice di indebitamento a breve, indice di indebitamento a lungo, indice di liquidità e rapporto di indebitamento).

Prospettiva dimensionale

Questa prospettiva è stata esaminata prendendo in considerazione due indicatori: il numero dei dipendenti ed il fatturato, entrambi dell'anno 2009.

Relativamente al primo dal confronto delle imprese incubate con quelle non incubate, si evince che le prime presentano un numero di dipendenti leggermente maggiore rispetto alle seconde

(167,88 contro 172,2). Tale risultato, tuttavia, è poco significativo in quanto fortemente influenzato da i dati di due imprese incubate (Bracco Imaging e Ital tbs telematic & biomedical service spa) che presentano un numero di dipendenti di gran lunga superiore alla media[139].

Per tale motivo ho ritenuto opportuno integrare tale risultato con quello relativo al fatturato aziendale, che conduce a conclusione opposte: con un fatturato medio di euro 341.39.177,9 le imprese incubate si rilevano dimensionalmente più piccole di quelle non incubate che presentano un fatturato di euro 39.178.881,4.

Al fine di verificare la significatività delle differenze osservate fra i due campioni, tramite il programma Excel, ho effettuato il test t di Student a due code. Ad un livello di significatività del 95%[140], poiché il valore della statistica t è inferiore rispetto a quello critico[141], si ricade nella regione di accettazione dell'ipotesi nulla e di rifiuto di quella alternativa.

Inoltre ho calcolato anche il valore assunto dal P-Value (0,94346757) che individua il livello di significatività più basso in corrispondenza del quale l'ipotesi nulla è rifiutata. Nel nostro caso

---

[139] Braco Imaging 1915 addetti e Ital Tbs Telematics e Biomedical 1330.
[140] Ciò significa che vi è una probabilità inferiore al 5% che la differenza fra il valore assunto dai due campioni è dovuto al caso e quindi di commettere un errore di primo tipo, consistente nel di rifiutare l'ipotesi nulla quando essa dovrebbe essere accettata.
[141] Il valore critico della statistica t di Student è pari a -0,0712844 a fronte di un valore critico di 2,01066472.

indica che esiste una probabilità inferiore al 94,3% che la differenza fra i valori dei due campioni sia dovuta al caso.

Il risultato relativo al fatturato che, per un livello di significatività del 95%, porta ad accettare l'ipotesi nulla è statisticamente non significativo. Ciò significa che le differenze di fatturato riscontrate fra i due campioni non sono imputabili all'insediamento o meno all'interno di un parco scientifico.

Prospettiva temporale

Partendo dal dato relativo all'anno di costituzione ho individuato l'età di ciascuna impresa. Dall'analisi dei dati emerge che le imprese incubate presentano un'età media inferiore rispetto a quelle non incubate (10,93 anni a fronte di un valore 18,76 anni). Tale differenza può essere spiegata sia con la consapevolezza delle imprese più giovani dei vantaggi derivanti dall'insediamento in un parco scientifico sia con la spiccata tendenza dei parchi ad accogliere delle nuove imprese in fase di start-up. Dal test t di student[142], ad un livello di significatività del 95% (Alpha pari a 0,05) si rifiuta l'ipotesi nulla e si accetta quella alternativa secondo la quale la differenza fra le medie è dovuta al fatto che le imprese del primo campione sono incubate e quelle del secondo no. Inoltre è stato calcolato il P-Value

---

[142] Il valore critico della statistica t di Student è pari a – 2,3719952 a fronte di un valore critico di 2,00171747.

che assume un valore pari a 0,02103141, il che significa che esiste una probabilità inferiore al 2,10% che la differenza dei valori delle medie fra i due campioni sia dovuta al caso. Pertanto per qualsiasi valore di Alpha inferiore al p-value l'ipotesi nulla verrà ovviamente accettata e di conseguenza il risultato sarà statisticamente non significativo.

Prospettive di innovazione

Le performance innovative delle imprese sono state valutate attraverso la considerazione del valore dei brevetti[143] e delle spese in R&S.

Poiché per un elevato numero di imprese tali dati non sono disponibili relativamente al 2009, allora ho utilizzato un valore medio[144] . Inoltre, poiché per numerose imprese non incubate non era disponibile neppure quest'ultimo dato ho proceduto alla riduzione del campione considerato mantenendo inalterato quello delle imprese incubate.

A conferma dell'importanza del ruolo svolto dai PST nel sostenere e stimolare l'innovazione, entrambi gli indicatori

---

[143]Ho preferito prendere in considerazione il valore dei brevetti piuttosto che il numero dei brevetti perché il primo riesce ad esprimerne il valore qualitativo.
[144]Esso può essere riferito a due, tre, cinque, sette o dieci anni a seconda del dato reso disponibile dalla banca dati AIDA.

conducono al risultato secondo cui le imprese incubate rispetto a quelle che non lo sono, presentano un maggior investimento in R&S (€ 392.100,2 a fronte di € 223.652,3) a fronte di un valore di € 2253764,03) e possiedono dei brevetti (€ 484.494,882 a fronte € 125.979,5882) dal maggior valore.

Tuttavia, sia i risultati relativi al valore dei brevetti che quelli delle spese di R&S risultano statisticamente non significativi dato che, ad un livello di significatività del 95%, il valore della statistica t di student risulta essere inferiore rispetto ai valori critici[145]. Ciò porta ad accettare l'ipotesi nulla, ridimensionando l'importanza dei parchi scientifici sul contenuto innovativo delle imprese.

Nonostante tale differenza di media non sia statisticamente significativa, rimane tuttavia un risultato di cui tener conto nella valutazione del ruolo dei PST quali propulsori dell'innovazione.

Prospettiva Reddituale

La valutazione di tale prospettiva è stata effettuata tramite l'indicatore ROE[146] (Return On Equity), che misura la redditività del capitale di rischio. Considerato i dati relativi all'anno 2009 le imprese

---

[145] Per quanto riguarda le spese di R&S e i brevetti il valore critico della statistica t di Student è pari rispettivamente a - 0,8237430378 e -1,7095832 a fronte di un valore critico rispettivamente di 2,00171746 e 2,03693333.
[146] Tale indicatore è dato dal rapporto fra Utile Netto e Capitale Proprio.

194

incubate presentano un valore medio del ROE negativo a fronte di un valore medio positivo di quelle non incubate[147]. Poiché il risultato delle imprese incubate risulta notevolmente influenzato dalle performance particolarmente negative registrate da sei imprese (tra cui Areta, Creabilis therapeutics, Xeptagen) ho ritenuto opportuno sostituire i valori puntuali con un valore medio relativo agli anni precedenti. Dall'analisi di tali dati, emerge che le imprese incubate presentano una redditività leggermente maggiore rispetto a quelle fuori parco[148], a testimonianza del successo dei loro prodotti e della loro immagine sul mercato.

Anche in questo caso, il test t di Student mostra che il risultato ottenuto non è statisticamente significativo dato che, ad un livello di significatività del 95%, porta ad accettare l'ipotesi nulla, che sta ad indicare che le differenze di redditività non sono imputabili alla incubazione o meno nei PST.

Prospettiva Finanziaria

Il primo indicatore preso in considerazione, al fine di analizzare tale prospettiva, è stato l'Indice di liquidità corrente (Current Ratio), che è dato dal rapporto fra attività e passività

---

[147] Le imprese incubato presentano un valore del ROE pari a -11,70% a fronte di quello delle imprese non incubate di 2,81%.
[148] Il ROE per le imprese incubate è pari a 2,47% mentre quello delle imprese fuori parco è di 0,23%.

correnti. Dall'analisi si evince che le imprese incubate presentano una buona condizione di equilibrio fra le grandezze a breve termine dello stato patrimoniale, presentando un valore dell'indice pari a 1,74 mentre le imprese fuori parco si trovano in prossimità della soglia di attenzione, con un valore di 1,26[149].

In secondo luogo, ho considerato gli indici di indebitamento a breve e a lungo termine. Il primo è dato dal rapporto fra i debiti verso terzi a breve e il capitale investito mentre il secondo dal rapporto fra i debiti verso terzi a lungo termine e il capitale investito.

I dati relativi ad entrambi gli indicatori mostrano l'assenza di differenze significative fra le imprese incubate e quelle che non lo sono[150] ed evidenziano una sostanziale integrale copertura del fabbisogno finanziario tramite il ricordo all'indebitamento[151].

Infine, ho considerato il rapporto di indebitamento che misura la proporzione fra il capitale proprio e quello di terzi. Sebbene per le imprese incubate esso assuma un valore inferiore rispetto alle imprese non incubate[152], esso risulta comunque negativo perché

---

[149] Tale indice, in condizioni ottimali dovrebbe assumere un valore maggiore di 2, mentre per valori inferiori ad 1 le imprese si trovano in una situazione di crisi di liquidità.

[150] Gli indici di indebitamento a breve e a lungo, relativamente alle imprese incubate e non, assumono rispettivamente i seguenti valori: 0,788 contro 0,772 e 0,213 a fronte di 0,229.

[151] La scarsa dotazione di mezzi propri irrigidisce la struttura finanziaria perché determina una bassa capacità dell'impresa di fronteggiare fabbisogni incrementali di fondi tramite l'emissione di nuovi strumenti di debiti.

[152] Il valore medio per le imprese incubate è di 4,307 e per quelle non incubate è

indica che il capitale di terzi è notevolmente superiore rispetto al capitale proprio[153]. Tuttavia, tale dato rispetto alle imprese fuori parco evidenzia un maggiore capacità di attrarre capitale di rischio delle prime rispetto alle seconde.

Con riferimento ai risultati di tutti e quattro gli indicatori la statistica t di student ha evidenziato come le differenze riscontrate fra i due campioni esaminati non risultano statisticamente significative.

Risultati dell'indagine

Dall'indagine svolta emerge che le imprese incubate, con riferimento agli indicatori presi in considerazione, registrano delle performance superiori a quelle delle imprese non incubate, sottolineando l'importante ruolo dei PST nella loro nascita, crescita e sviluppo. Nonostante i risultati non siano tutti statisticamente significativi, a causa dell'esiguità del campione considerato[154], essi riescono comunque ad avvalorare la tesi dell'importanza dei PST,

---

di 5,229.

[153] L'indice può variare da zero a infinito: più si incrementa il valore dell'indice minore è i grado di solidità del piano economico-finanziario. Infatti, un indice molto elevato è sicuramente un sintomo di sottocapitalizzazione. Tuttavia, non esiste un valore ottimale dell'indice in quanto esso dipende dalle condizioni d'ambiente ed interne in cui l'impresa opera, dal tasso di crescita previsto nel piano-economico finanziario, dalla capacità di produrre reddito e, non ultimo dalla tipologia del debito.

[154] In relazione a molte imprese facente parte del campione non sono peraltro disponibili i dati relativi ad alcuni indicatori.

rappresentando un importante punto di partenza per degli studi futuri più dettagliati.

5.3 Conclusioni

La ricerca e sviluppo e l'innovazione presentano una sostanziale differenza di obiettivi e di strategie. La prima, infatti, mira sostanzialmente a sviluppare le conoscenze e le competenze del sistema della R&S, mentre la seconda si prefigge l'obiettivo di migliorare direttamente la competitività del sistema economico e produttivo.

Non appare poi scontato che una buona ricerca e sviluppo produca spontaneamente innovazione ed un aumento di competitività. L'innovazione, infatti, si configura come un processo imprenditoriale che richiede diverse altre competenze, oltre a quelle scientifiche e tecnologiche, come quelle manageriali, finanziarie, giuridiche, commerciali e sociali.

In Italia le motivazioni del ritardo nello sviluppo e nella crescita delle biotecnologie sono riconducibili a fattori strutturali e culturali. Tra i primi sono da considerare la dimensione dei centri e gruppi di ricerca, la carenza di un rapporto organico fra ricerca e impresa, le dimensioni delle imprese (il 97,7% delle quali ha meno di 50 addetti), la carenza di finanza per l'innovazione delle start up e delle imprese high-tech e, infine, risibili finanziamenti per la ricerca in genere.

I fattori culturali limitanti, sul fronte della ricerca, sono rappresentati dalla variabile temporale e dalle difficoltà nell'approccio alle piccole e micro imprese.

Invece, sul fronte delle imprese, un fattore culturale limitante è la scarsa cultura imprenditoriale, legata alla debole propensione ad investire sull'innovazione ed al basso livello di internazionalizzazione.

Ulteriori aspetti inibenti lo sviluppo delle biotecnologie sono la generalità e la frammentazione dei contenuti delle politiche di sostegno, la pluralità e la frammentazione dei soggetti (enti/soggetti intermedi)

Tenendo conto degli aspetti sopramenzionati, è possibile tracciare un itinerario dei possibili percorsi da seguire, attraverso una nuova cultura di fare sistema, per superare i limiti strutturali ed aumentare la competitività sia in ambito nazionale che internazionale.

Delle soluzioni vincenti potrebbero essere individuate in nuove e più incisive politiche pubbliche e dall'instaurazione di un rapporto maggiormente collaborativo tra l'Università, i centri di ricerca e le imprese .

Pertanto il solo modo per migliorare effettivamente ed accelerare sul piano della competitività è quello di pensare ad un sistema a triplice elica: una pala è rappresentata dall' Università e dai centri di ricerca, una dalle imprese ed un'altra dal governo del territorio. Perché l'elica funzioni con la massima efficacia le pale devono avere un'inclinazione armonica. In altri termini, c'è bisogno di una visione chiara e condivisa secondo una logica di complementarietà.

Bibliografia

A. ADESSI, *I parchi biotecnologici: una possibilità per la ricerca italiana.* In "Rivista di agraria" , 2007, n 33

G. AGLIADORO, *Il diritto delle biotecnologie.* Giappichelli editore, Torino, 2006.

L. AMATI, *Convegno nazionale sul sistema dei Parchi Scientific e Tecnologici Italiani,* Forum Pa, maggio 2010.

M. ARNONE, C. BELLAVITE PELLEGRINI E F. GRAZIADEI, *Il venture capital per lo sviluppo. Un'analis delle economie emergenti.* Vite e pensiero, Milano,2006

ASSOBIOTEC FEDERCHIMICA, *Analisi comparative degli incentive fiscali per il settore biotech: proposte per l'Italia,* maggio 2010 pp. 1-11.

ASSOBIOTEC, FEDERCHIMICA, *Italian Biotecnology Parks,* Biopolo, 2010 pp 1-39.

D. BAGLIERI, L'*impresa biotech tra scienza e mercato. risorse critiche per lo start-up e fattori di sviluppo.* G. Giappichelli Editore Torino, 2004.

BALCONI M, PASSANANTI A., *I Parchi scientifici e tecnologici nel nord Italia.* Franco Angeli editore Milano, 2006.

G. BECATTINI, *Industrial Districys. A new approach to industrial change.* Edward Elgar Publishing, Usa, 2004.

G. BECATTINI, *Distretti industriali e made in Italy,* Boringhieri, Torino, 1998.

F. BELUSSI, S.R. SEDITA, *Strategia di crescita e ricorso al capitale di rischio delle imprese Italiane del Life Science* in "Mercati e servizi finanziari" n°2/2008.

M. BENOZZO, F. BRUNO, *La disciplina delle biotecnologie tra diritto europeo e diritto statunitense,* in "Diritto e giurisprudenza agraria, alimentare e dell'ambiente" n°12/2006.

A.BIAGIOTTI, *I brevetti e il radicamento sociale e territoriale dell'economia della conoscenza* in "Stato e mercato2 n°1/2009 pp.129-156.

G. BROSIO, G. MURARO, *Il finanziamento del settore pubblico,* FrancoAngeli, Milano, 2006.

G. CASABURI, *Attuazione italiana della direttiva sulle biotecnologie.* In "Foro italiano", 2006 n. 7/8 pp. 386-394.

F.CASTELLANETA, Ricerca scientifica ed imprenditorialità: il ruolo dei Parchi Scientifici e Tecnologici, www.europacivilta.it, 2007

CHIESA V, L. ALBERGHINA, Per lo sviluppo delle biotecnologie in Italia: il ruolo dell'università in "Economia e Management" n°6/2002 pp. 113-122.

O. CIMINO, *Le agro-biotecnologie tra dibattito e normativa* in www.agraria.org n°96/febbraio 2010

V. CIOLI, *Modelli di business e creazione di valore nella new economy.* FrancoAngeli, Milano,2005.

M. CROSETTO, *I finanziamenti per la ricerca. Tutti gli strumenti agevolativi per le attività di ricerca e innovazione tecnologica delle imprese.* Il sole 24 ore, Milano, 2003.

V. DAGOSTINO, *Problemi degli investimenti in venture capital con particolare riferimento al settore delle biotecnologie. In "Economia e diritto del terziario", 2006 n. 3 pp. 625-649.*

W.D'AVANZO, *Le biotecnologie e la brevettabilità di organismi viventi.* In "Diritto e giurisprudenza agraria, alimentare e dell'ambiente, 2008 n. 1 pp.17-20.

ERNST & YOUNG, *Beyond borders global biotechnology report 2010*, pp 1-116

ERNST & YOUNG, *Rapporto sulle biotecnologie in Italia, BioinItaly report 2010*, milano aprile 2010 pp. 1-66.

R. FAUCCI, *Breve storia dell'economia politica.* G. Giappichelli Editore, Torino, 2006.

H. FARAG, *Collaborative value creation, an empirical analysis of the europian biotechnology industry.Physica-Verlag Heidelberg, London, 2009*

A. FLORA, *Lo sviluppo economico. I fattori immateriali, nuove frontiere della ricerca.* FrancoAngeli editore, 2008, Milano.

A. FRAU, *Il diritto della cooperazione internazionale allo sviluppo.* Cedam. Padova,2005

P. FRIGERIO, S. FUMERO, G. VITALI, *La filiera delle biotecnologie in Italia: un'analisi microeconomica.* In "L'Industria" numero speciale XXVIII 2007 pp. 111-133.a

G. FRAZZATTO, *White biotechnology,* European Molecular Biology Organization Embo Rep.2003

F. FUKUYAMA, *L'uomo oltre l'uomo. Le conseguenze della rivoluzione biotecnologica.* Arnoldo Mondadori Editore, Milano, 2002

G.GHIDINI, G. CAVANI, *Brevetti e Biotecnologie.* Luiss University Press. Roma, 2008

D. HINE, J. KAPELERIS, *Innovation and entrepreneurship in biotechnology, an international perspective. concepts, theories and cases.* Cheltenham, Edward Elgar, 2006.

P. IZZO, *La disciplina delle biotecnologie e la tutela della dignità umana: la protezione giuridica delle invenzioni biotecnologiche.* in "Rassegna di diritto civile", 2007 n. 4 pp. 1178-1192.

C. JOMMI, M. OTTO, *La gestione delle politiche pubbliche a sostegno delle biotecnologie:Il caso tedesco.* In "Economia & management", 2008 n. 6, pp. 91-112.

M. KENNEY, B*iotechnology. the university-industrial complex.* Yale University Press,1986.

M. LABRA, S. IMAZIO, F. GRASSI, L'*abc delle biotecnologie vegetali,* in "L'informatore agrario", 2003 n. 37, pp. 27-36.

B. LAMBORGHINI, *Social networks e business collaboration per il rilancio dello sviluppo,* FrancoAngeli, Milano, 2006.

M. LOMBARDI, P. MORI, M. VASTA, *Sistema innovativo e settori strategici: il caso della Toscana.* Franco Angeli, Milano, 2003

V. MANGEMATIM, *From sectoral to horizontal public policies:the evolution of support for biotechnology inEurope 1994-2001,* in "Science and public policy", 2004 n.5 pp. 397-406.

W. MIRABELLA, *Il ruolo dei bioteri,* in " La Chimica & L'Industria", 2009 Lug/Ago pp.68-71.

R. MOLESTI, *I fondamenti della bioeconomia, la nuova economia ecologica,* FrancoAngeli, Milano, 2006.

A. NOSELLA, G. PETRONI, C. VERBANO, *Characteristics of the Italian biotechnology industry and new business models: the initial results of an empirical study,* in "Technovation" 2005, n. 25 pp. 841-855.

OECD, *The bioeconomy to 2030: designing a policy agenda,*Oecd, 2009

A. ONETTI, A. ZUCCHELLA, *Le biotecnologie in Italia: dimensione del settore e prospettive di evoluzione.* In "Economia e politica industriale" 2007 n. 3, pp. 215-233.

D. PALLINI, *Brevetti e impresa. Come proteggere e valorizzare l'innovazione industriale.* Notarbartolo e Gervasi, 2008.

L. PETRELLI, *Il piano di azione italiano per l'agricoltura biologica fra piano di azione europeo, nuova normativa italiana e riforma della politica agricola comune.* Stampato per il Ministero delle Politiche Agricole e Forestali. 2004

B. QUINTIERI, *I distretti industriali dal locale al globale.* Rubbettino Editore, Soveria Mannelli, 2006.

M. VALLETTA, *La disciplina delle biotecnologie agroalimentari. Il modello europeo nel contesto globale.* Milano, dott. Giuffrè editore, 2005.

L.PETRETTO, *Imprenditore ed Università nello start-up di impresa. Ruoli e relazioni critiche.*Firenze University Press, Firenze, 2008.

L. PILATI, *Marketing Agro-alimentar.* Uni service editrice, Trento, 2004.

E. RULLANI, *Economia della conoscenza. Creatività e valore del capitalismo delle reti.* Carrocci, 2004.

M. RICCABONI, *Cambiamento tecnologico e reti di imprese.* Franco Angeli, Milano, 2003.

A. RICCIARDI. *Le reti di imprese. Vantaggi competitivi e pianificazione strategica.* FrancoAngeli, Milano, 2003.

P. RIZZI, L. QUINTAVALLE, *La competitività territoriale tra sviluppo endogeno e apertura del sistema,* FrancoAngeli, Milano, 2004

M. SORRENTINO, *Le imprese biotech italiane. strategie e performance.* il Mulino, 2009.

M.SORRENTINO, *Le nuove imprese, economia delle nuove iniziative imprenditoriali.* Cedam, 2003

M. TALLACCHINI, F. TERRAGNI. *Le biotecnologie, aspetti etici,sociali e ambientali.* Bruno Mondadori editore,Milano,2004.

S. ZANZI, *Il personale addetto alla ricerca scientifica nel settore pubblico. Problematiche attuali e prospettive future.*

Sitografia

www.adite.it

www.agraria.org

www.apre.it

www.apsti.it

www.assobiotec.federchimica.it

www.biotechinitaly.com

www.biotechinitaly.com

www.biotecnologia.it

www.confindustria.it

www.cordis.europa.eu

www.dps.tesoro.it

www.distretti-tecnologici.it

www.distretti.org

www.ditt.de

www.ec.europa.eu

www.enea.it

www.ey.com

www.federalimentare.it

www.first.aster.it

www.fondieuropei.it

www.fondieuropei2007-2013.it

www.fondodigaranzia.it

www.greenreport.it

www.informatoreagrario.it

www.istruzione.it

www.miur.it

www.molecularlab.it

www.ponricerca.it

www.ricercaeinnovazione.it

www.ricercaitaliana.it

www.riditt.it

www.sviluppoeconomico.gov.it

www.sviluppoitaliasicilia.it

www.sviluppoitalia.it

www.unesco.org

www.unibo.it

www.uniud.it

www.webimpresa.com

Indice delle tabelle

Indice delle figure

Figura 26 La diffusione delle diverse tipologie di fonti di finanziamento delle imprese biotech

Allegati

Allegato 1

IMPRESE INGLOBATE

Ragione Sociale	Età	Anno di Costituzione	Numero Addetti	Media Numero Addetti	Diritto di Brevetto	Media Diritti di Brevetto
1 Etna biotech srl	9	2001	10	9	2.941.000	1.470.500
2 Cosmo Pharmaceuticals spa	4	2006	132	130	3.701.750	1.604.658
3 Actimex srl	10	2000	6	9	119.308	79.073
4 health robotics srl	4	2006		0		274543
5 Ital Tbs telematic & biomedical service spa	23	1987	1330	850		
6 Alphagenics diaco srl	14	1996	4	3		
7 Ape research	14	1996	7	5		
8 Aethia srl	10	2000	2	0		
9 Bionucleon srl	5	2005		0		
10 Creabilis therapeutics srl	7	2003	11	6		266
11 Biotrack	5	2005		0		
12 Fastest	3	2005		0		
13 Incura	8	2002	2	2		
14 Phytoremedial	3	2007	1	1		
15 Molteni therapeutics	4	2006	12	9		
16 Areta	11	1999	20	13	15.393	4.734
17 Rottapharm biotech	11	1999	6	4		0
18 Biofarmitalia	17	1992	57	28	170.250	75.060
19 Axxam	9	2001	49	49		
20 Euroclone spa	25	1985	175	177	512790	98053
21 Xeptagen	11	1999	5	7	11730	11473
22 Molmed	14			71	818000	3090346
23 Celbio	27	1983	68	78	9595	960
24 Dompè	5	2005	170	173	205182	305249
25 PrionDiagnostica	2	2008	3	3		
26 Tecnogen	23	1987	56	44	4294	74216
27 Tubilux	13	1997	134	126	144136	178308
28 Bracco Imaging	25	1985	1915	1609	910100	910100
29 Eos	4	2006	7	7	50915	21385
30 Biodiversity	8	2002	15	13	37489	37489
Media	10,9333		167,88	114,2	640962,8667	494494,8824
DEVIAZIONE STANDARD	7,33406		449,1226002			842417,9963

Media DB filtrata	Fatturato	Media fatturato	Costi di Ricerca e Sviluppo	Media Costi R&S	Indice di Indebitamento Breve	Media Ind. Indebit. Breve
	609.074	502.828	9.622	9.622	1.000	1.000
1.470.500	26.685.000	30.429.000	9.090.000	4.545.000	0,820	0,770
1.604.658	3.699.184	2.709.441	3.670.324	2.751.153	0,250	0,380
79.073	8.318.035	4.677.208	1.118.736	559.368	0,620	0,910
274543	124.536.000	86.268.193		792.787	0,830	0,870
	268.603	602.917	214.900	184.006	1.000	0,920
	508.251	401.233	0	0	0,750	0,760
	356.785	284.336	0	0	1.000	1.000
266	0	13.008	0	0	1.000	1.000
	2.076.945	416.315	0	0	0,180	0,460
	16.891	37.908	0	0	1.000	0,700
	39.930	30.620	0	0	0,830	0,330
	788.498	863.007	0	0	0,750	0,710
	10	670	0	0	0,000	0,850
4.734	80.000	68.500	0	0	1.000	1.000
	762.799	899.454	681.763	424.421	0,730	0,810
75.060	0	0	431.297	87.158	1.000	0,990
	7.534.279	5.443.328	0	0	0,590	0,760
98053	2.978.622	5.235.718	0	0	0,360	0,610
	48.801.569	44.533.887	686.898	97.969	0,810	0,800
11473	36.008	60.251	0	584.727	0,810	0,900
3090346	2.413.000	1.873.032	0	39	0,480	0,980
960	26.998.609	32.113.169	45.425	92.054	0,900	0,910
305249	42.533.473	40.117.292	1.009.426	534.948	0,810	0,730
	52.954	2.095.009	0	311.677	0,900	0,990
74216	7.680.215	4.716.046	0	113.090	0,680	0,480
178308	20.976.836	19.936.191	0	0	0,430	0,810
910100	692.413.000	570.010.500	0	0	0,760	0,520
21385	337.086	276.466	0	954.987	0,530	1.000
37489	2.673.682	1.685.977	0		1.000	0,700
484494,8824	34139177,93	28543383,47	584772,1034	392100,2	0,73166667	0,78833333
	126801384,9		1789094,745	953190,9196	0,273484329	

Indice di Indebitamento Lungo	Media ind. a lungo	ROE	Media ROE	Rapporto di indebitamento	Media rapporto di indebitamento	Indice di liquidità	Media ind. Liquidità
0,000	0,000	-46,480	-26,000	2,360	4,500	1,830	1,480
0,180	0,230	6,770	14,260	1,200	0,990	4,060	4,300
0,750	0,620	0,680	0,260	6,660	5,280	1,170	0,810
0,380	0,100	92,600	80,440	3,380	4,300	1,290	9,190
0,170	0,130	6,350	1,370	4,100	3,850	1,110	1,050
0,000	0,080	-7,190		5,520	15,750	0,630	0,750
0,250	0,240	0,470	1,120	3,950	3,980	0,520	0,630
0,000	0,000	9,530	11,890	1,820	2,400	1,830	1,390
0,000	0,040	0,040	-10,510	4,830	5,970	0,190	0,230
0,000	0,550	-101,920	-21,790	1,820	2,450	5,060	1,630
0,820	0,300	-7,190	1,450	6,210	4,370	0,310	1,630
0,000	0,670	20,590	35,410	1,600	1,380	1,140	5,130
0,170	0,290	1,740	-0,810	7,660	5,680	0,440	0,990
0,250	0,150	8,210	-11,650	9,100	5,580	0,490	0,720
1,000				1,800	1,640	2,360	2,850
0,000	0,190	-110,410	-30,550	5,620	3,230	0,310	0,750
0,270	0,010	0,010	-1,800	-1,600	-1,040	0,370	0,340
0,000	0,240	1,480	19,690	4,630	3,440	0,760	0,750
0,410	0,390	-118,280	0,360	6,410	3,590	1,140	1,490
0,640	0,200	8,580	14,330	3,820	4,220	1,350	1,250
0,000	0,100	-133,250	-43,520	5,020	3,370	1,300	0,870
0,190	0,020	-59,950	-65,320	1,220	1,330	5,520	3,480
0,100	0,090	7,890	31,550	4,140	8,450	0,940	1,090
0,510	0,280	13,080	11,970	4,380	5,460	0,980	0,960
0,190	0,010	-15,500	0,860	1,410	6,310	1,080	1,150
0,090	0,520	6,450	-3,810	2,590	2,520	2,000	1,990
0,320	0,190	62,370	7,380	1,950	2,910	1,890	1,120
0,000	0,480	41,430	61,170	3,720	8,280	0,890	1,130
0,570	0	0,640	-1,440	1,700	2,29	2,000	1,840
0,240	0,300			3,580	6,730	1,540	1,210
0,470							
0,000							
0,160							
0,268	0,212666667	53,67241453	2,468571429	3,686666667	4,307	1,483333333	1,74
0,27317927		-11,69538462	2,274663042			1,299648051	

Allegato 2

IMPRESE NON INCUBATE

	Ragione Sociale	Età	Anno di Costituzione	Numero Addetti	Media Numero Addetti	Diritto di Brevetto	Media Diritti di Brevetto
1	Proteogen srl	5	2005	4	2	0	16541
2	Alk abello	21	1979	52	76	0	18829
3	Allergy therapeutics	22	1988		31	0	151294
4	Lamberti	21	1979	1250	1147	872.290	1053845
5	Abiogen Pharma	14	1996	314	363	452.885	1989
6	Siena biotech	10	2000	172	107	15.912	104195
7	Philogen spa	14	1996	50	26	80.107	5495680
8	Abc farmaceutici	10	2000	115	90	5.716.180	10284
9	Tecnoalimenti	29	1981	10	14	0	54.583
10	Diatheva	15	1995	14	5	0	288
11	Exenia	1	2009	5	4	0	63.101
12	Reserch & in	3	2007		8	34.433	60.578
13	Belto	2	2008		0	83.813	13.851
14	Biorep srl	7	2003	17	11	13.551	688.389
15	Biosphere	9	2001	8	9	438.987	164.227
16	Cell	6	2004	173	135	58.508.333	617.871
17	Farmila	26	1984	146	144	2.800	14.636
18	Fidia	18	1992	52	63	743.665	9.078
19	Fkv	23	1987	24	29	4.524	33.013
20	Ge healthecrare	18	1992	66	178	22.332	291
21	Lo Farma	65	1945		116	34.962	25.145
22	Ozono	35	1975	7	11	0	3.782
23	Sekmed	8	2002		0	28.191	475.387
24	Sentinel	27	1983	64	47	9.401	337.603
25	Sorin Biomedichal Cardio	22	1988	786	832	230.562	53.210
26	Sorin group	18	1992	790	711	175.857	178.308
27	Bounty	71	1939	70	126	0	166.137
28	Charles River	13	1997	134	126	144.136	
29	Gentium	17	1993	66	45	0	
30	Promega	13	1997	16	16	0	
	Media	18,767		176,2	149,0666667	2253764,033	363412,4074
	DEVIAZIONE STANDARD	15,5299		301,0666371		1037792,995	

Media DB fitrata	Fatturato	Media fatturato	Costi di Ricerca e Sviluppo	Media Costi R&S	Indice di Indebitamento Breve	Media Ind. Indebit. Breve
	110.000	96.667	0	0	0,39	0,35
16541	14.752.430	13.018.589	0	0	0,99	0,99
18829	6.519.403	3.572.990	0	4.197	1	0,99
	386.685.653	310.236.744	307.124	151.294	0,58	0,59
	61.515.708	57.020.845	74.077	461.727	0,57	0,52
	5.467.517	999.836	0	0	0,53	0,44
	15.851.950	5.109.644	0	0	0,8	0,75
	27.946.203	21.291.386	0	4.080	0,54	0,48
54.583	253.028	679.988	30.003	65	0,94	0,71
	126.808	234.889	0	0	1	0,86
	73.303	462.504	0	258.442	1	0,95
63.101	812.401	643.173	0	0	1	0,95
60.578	96.165.647	48.082.824	0	0	0,95	1
13.851	300.387	1.489.964	609.057	558.399	1	0,98
	727.792	439.919	0	0	0,46	0,93
	4.368.364	7.982.423	0	0	0,64	0,44
617.871	30.878.620	24.722.859	0	0	0,77	0,72
	6.992.999	8.443.888	0	0	1	0,8
14.636	7.883.483	7.980.364	0	0	0,82	0,99
9.078	59.980.077	50.155.416	0	0	0,99	0,86
33.013	14.696.021	12.146.764	80.908	8.091	0,82	0,99
	3.144.568	2.817.721	106.803	37.538	0,93	0,75
25.145	0		0	0	0,16	0,9
3.782	6.667	6.667	0	0	0,31	0,12
	19.085.643	12.403.239	0	0	0,96	0,73
475.387	74.080.662	80.452.667	12.730.461	2.925.353	1	0,95
337.603	231.490.112	174.014.405	5.284.249	600.207	0,98	0,99
53.210	69.331.044	53.793.657	1.910.444	191.044	0,76	0,92
178.308	20.976.836	19.936.191	0	113.090	0,69	0,92
166.137	10.621.905	4.696.120	953	1.396.042	1	0,81
	4.527.877	3.190.595	0	0		0,72
125979,5882	3917888137	30870764,6	704469,3	223652,3	0,786	0,71666667
	79069393,29					0,92

ind. ind. lung.	Media ind. a lungo	Roe	Media ROE	Rapp indebtamento	Media rapp. Indebitamento	Indice di liquidità	Media ind. Liquidità
1	1	8,57	12,61	6	5	1,3	1,7
0,01	0,01	2,23	-9,01	2,93	3,31	1,63	1,51
0	0,01	-4,51	10,64	2,04	9,07	1,69	0,93
0,42	0,41	8,25	8,15	2,67	2,92	1,69	1,41
0,43	0,48	7,43	-3,27	2,77	4,25	1,05	0,87
0,47	0,56	-2,16	-8,23	18,22	13,62	1,12	1,25
0,2	0,25	24,21	16,26	2,16	3,67	1	1,38
0,46	0,52	-4,1	-7,01	3,12	3,98	0,78	0,8
0,06	0,29	0,06	3,12	3,16	2,71	1,86	3,39
0	0,06	3,45	2,27	1,11	1,22	2,46	3,8
0	0,14	-6,06	4,32	3,58	4,48	0,16	2,99
0	0,06	-85,58	-7,32	3,29	2,42	0,61	0,67
0,05	0	13,72	-55,94	3,16	2,31	0,67	0,67
0	0,03		35,66	54,51	19,73	1,17	0,36
0,54	0,07	-21,35	-42,82	6,56	15,71	0,42	2,25
0,36	0,56	-39,34	-22,83	1,71	1,38	0,86	0,62
0,23	0,28	12,18	-21,07	2,14	2,56	0,92	2,05
0	0,2	-6,11	9,46	14,84	7,32	0,92	1,14
0,18	0,01	7,44	-6,11	3,64	6,35	0,87	0,97
0,01	0,14	28,3	15,69	2,63	6,29	1,45	1,14
0,18	0,01	12,4	-7,06	1,47	2,91	1,39	1,08
0,07	0,25	2,57	22,42	9,21	11,44	1	1,1
0,84	0,1		11,6	-6,45	-15,72	0,96	0,94
0,69	0,88	30,55	0	3,19	3,87	0,25	1,17
0,04	0,28	-1,74	24,29	6,04	11,97	1,2	0,99
0	0,05	9,61	-15,72	1,28	5,42	0,48	0,75
0,02	0,01	0,51	8,38	1,53	3,44	1,92	0,86
0,24	0,08	62,37	4,49	1,95	2,91	0,72	1,13
0,31	0,19	-9,42	7,38	1,37	2,57	1,89	1,12
0	0,28	16,22	-19,91	3,68	10,07	0,91	1,19
	0,08		39,61			1,42	1,43
0,214	0,29333333	2,80777778	0,231	5,443	5,229	1,13666667	1,26033333